पेंगुइन बुक्स

पपलू संस्कृति

सुधीश पचौरी का जन्म 29 दिसंबर 1948 में अलीगढ़ जनपद में हुआ। आपने आगरा विश्वविद्यालय से एम.ए.(हिंदी) व दिल्ली विश्वविद्यालय से पीएच.डी. एवं पोस्ट डॉक्टरोल शोध की उपाधि अर्जित की।

आपकी चर्चित पुस्तकें हैं: *नई कविता का वैचारिक आधार; दूरदर्शन की भूमिका; उत्तर आधुनिक परिदृश्य; उत्तर-आधुनिकता और उत्तर संरचनावाद; मीडिया और साहित्य; टीवी टाइम्स; साहित्य का उत्तरकांड; प्रसार भारती और प्रसारण-परिदृश्य; दूरदर्शनः संप्रेषण और संस्कृति; स्त्री देह के विमर्श; आलोचना से आगे* आदि। आपकी कुछ संपादित पुस्तकें भी हैं।

आपको भारतेन्दु हरिश्चंद्र पुरस्कार; मध्यप्रदेश साहित्य परिषद् का *रामचंद्र शुक्ल सम्मान* तथा हिंदी अकादमी, दिल्ली द्वारा *साहित्यकार सम्मान* भी प्राप्त हो चुके हैं।

संप्रति आप दिल्ली विश्वविद्यालय के हिंदी विभाग में प्रोफ़ेसर एवं विभागाध्यक्ष हैं।

पपलू संस्कृति

सुधीश पचौरी

पेंगुइन बुक्स
पेंगुइन रैंडम हाउस इम्प्रिंट

पेंगुइन बुक्स

यूएसए | कनाडा | यूके | आयरलैंड | ऑस्ट्रेलिया | सिंगापुर
न्यू ज़ीलैंड | भारत | दक्षिण अफ्रीका | चीन

पेंगुइन बुक्स, पेंगुइन रैंडम हाउस ग्रुप ऑफ कम्पनीज़ का हिस्सा है जिसका पता global.penguinrandomhouse.com पर मिलेगा

पेंगुइन रैंडम हाउस इंडिया प्रा. लि.,
चौथी मंजिल, कैपिटल टावर -1, एम जी रोड,
गुड़गांव-122002, हरियाणा, भारत

पेंगुइन
रैंडम हाउस
इंडिया

हिंदी का प्रथम संस्करण: पेंगुइन बुक्स इंडिया, यात्रा बुक्स, 2010

ISBN 9780143064312

टाइपसेट: अर्चना प्रिंटर्स, नई दिल्ली

मुद्रक: रेप्रो इंडिया लिमिटेड

www.penguin.co.in

FSC www.fsc.org
MIX
Paper from responsible sources
FSC® C047271

अनुक्रम

भूमिका

अंग्रेज़ी में जिसे 'पॉपुलर' कहते हैं, हिंदी में उसे 'पपलू' कहा जा सकता है। 'पपलू संस्कृति' न केवल सर्वव्याप्त ग्लोबल संस्कृति है बल्कि वह कामनासक्रिय, अर्थ-उत्पादक, समान उपभोगमूलक, समाजसंचालिका शक्ति भी है।

वह अपनी प्रकृति से पपलू है। सब उसकी कामना करते हैं; उसमें रहते हैं। सुख-वंचित विराट अनेकस्तरीय समाज में, नव उदारवादी दौर में उपभोक्ता वस्तुओं के चयन की आज़ादी, बढ़ती उपभोग-क्षमता, गतिमयता (मोबिलिटी), दिखाऊ समारोहात्मकता, आनंदोत्सवता, तमाशेबाजी का चलन बढ़ा है।

ग्लोबल मुक्त बाज़ार, अनंत ब्रांडें, मीडिया नेटवर्क, फ़िल्में, टीवी, रेडियो, इंटरनेट, गाने, नाच, एल्बमें, डीजे, आर.जे, हीरो-हीरोइन, आइडोल, आइकन, देहयष्टि, रूप-सौंदर्य, प्रेम, सैक्स, स्त्री-पुरूष की प्रसाधित छवियां, नए किशोर-किशोरियों का आधी से अधिक आबादी वाला यह जीवंत, प्रगतिकामी जनक्षेत्र बेहद जटिल, संघर्ष भरा और संभावनाशील क्षेत्र है जिसे 'पपलू संस्कृति' ने संभव किया है और जो स्वयं इस 'पपलू संस्कृति' का कर्त्ता है, जिसमें 'सबके बराबर' दिख सकने, हो सकने की दबी कामनाएं तोष पाती हैं। इस विराट प्रक्रिया ने अनुभव एवं विचार जगत के परंपरागत ठहरावों को अपनी दुर्निवारता से न केवल चुनौती दी है, बल्कि अनंत नित्य नए सांस्कृतिक अनुभवों एवं रूपों का निर्माण किया है। इन सबका लक्ष्य 'सुख' को संभव करना है। होली, दिवाली, तीज-त्योहार, खेल (ख़ासकर

क्रिकेट) आदि सब नई-नई स्पर्धात्मक समारोहात्मकता लिए आते हैं: 'पपलू संस्कृति' का यह निर्णायक वातावरण है।

इस प्रक्रिया के प्रभाव का अहसास, मीडिया और वैचारिक चर्चाओं का विषय बनता रहा है, लेकिन यह प्रक्रिया इतनी चंचल (हाइपर) और अस्थिर-तरल-क्षणिक है कि उसे उसके तरल क्षण में पकड़-ठहराकर उसकी अचल नक़्शानवीसी (मैपिंग) कर पाना, उसकी व्याख्या कर मूल्यांकन कर पाना असंभव सा लगता है।

उसकी मैपिंग करने, उसे मापने के तरीक़े वही नहीं हो सकते जो 'भद्रलोकवादी' साहित्य-संस्कृति के रहे हैं। 'पपलू संस्कृति' ने मैपिंग और मापन के अपने तरीक़े ईजाद किये हैं जो सांस्कृतिक अध्ययनों में मिलते हैं। जो इन दिनों दुनिया भर में एक ज़रूरी विषय के रूप में पढ़े-पढ़ाए जाते हैं। कहना न होगा कि 'पपलू तत्व' नई भाषा, नई प्रस्तुति शैली और नए 'क्रिटिक' (समीक्षा) की दरकार रखते हैं।

यह लेखक लगभग चालीस साल से 'पपलू तत्वों' का सजग भावक एवं वाचक रहा है और संस्कृति के लोकप्रिय तत्वों, पहलुओं, घटनाओं, उनकी प्रतिक्रियाओं पर मीडिया में लगातार लिखता-बोलता रहा है और 'पपलू संस्कृति' के रूपों में सक्रिय विमर्शों को 'प्रो-एक्टिव' विवेक के साथ चिह्नित करता आया है।

पुस्तक में संकलित लेखों में नए मध्यवर्ग के पपलू सपनों और उपभोग-सुखों के वृत्तातों को उनके चंचल, जटिल पलों में पकड़ने, विखंडित करने की कोशिश है। इन लेखों की शैली स्वयं 'पपलू शैली' है। घटना-विशिष्ट और संदर्भ-विशिष्ट होने के बावजूद हर लेख एक क्रिटिकल विमर्श बनाता है।

पुस्तक पढ़ते हुए पाठक अपने जीवन में, समाज में घट रहे नए-नए पपलू अनुभवों को पकड़ने, समझने के लिए न्यूनतम 'प्रो-एक्टिव' विवेक की ओर प्रेरित हो—यही इस लेखक का काम्य है।

—सुधीश पचौरी

नया मध्यवर्गः नए सपने, नई संस्कृति

भारत में एक विराट मध्यवर्ग विकसित हो चला है, उसकी संख्या पच्चीस करोड़ से ज़्यादा है, वही मनोरंजन उद्योग, सेवा उद्योग और 'पॉपुलर कल्चर' का 'प्रोज़्यूमर' है। प्रोज़्यूमर यानी प्रोड्यूसर और 'कंज़्यूमर' एक साथ दोनों है। नव उदारवादी अर्थव्यवस्था के वर्तमान दौर में मध्यवर्ग न केवल अधिक ताक़तवर हुआ है बल्कि आर्थिक-सामाजिक-राजनीतिक सांस्कृतिक प्रक्रिया का सबसे बड़ा उपभोक्ता बना है। नव उदारवादी अर्थव्यवस्था ने पच्चीस करोड़ की आबादी वाले मध्यवर्ग को 'तेज़ विकास' के सपनों को देखने का आदी बनाया है। अवसर की तलाश, तुरंत बड़ा लाभ कमाने की वृत्ति रातोरात अमीर बनने की ख़्वाहिशें ज़ोर मारने लगी हैं: यह ग्लोबल भाव का नया मध्यवर्ग है। इसकी सोच, इसके सपने निचले तबक़ों तक पहुंचने लगे हैं। इस तरह इसकी संख्या चाहे पच्चीस करोड़ हो (यह यूरोप के कई देशों की आबादी की संख्या से ज़्यादा ही बैठता है) इसका असर निचले वर्गों पर पड़ रहा है। मज़दूर, किसान, निम्न मध्यवर्गीय अर्धशहरी, आदिवासी जन भी इस मध्यवर्ग की जीवनशैली को अपनाने को उत्सुक नज़र आते हैं। इस विराट मध्यवर्ग के सपने समाज-चिंतकों और विमर्शों का बड़ा विषय रहे हैं। पवन वर्मा की प्रसिद्ध किताब 'द ग्रेट इंडियन मिडिल क्लास' इसका उदाहरण है। समय-समय पर आने वाले अध्ययन, सर्वेक्षण मध्यवर्गीय

जगत को नए-नए ढंग से समझते-समझाते हैं।

इस नज़र से 2007 के शुरू के दिनों में ही एक बड़ा सर्वे आया है जो नए मध्यवर्ग के सपनों, स्थितियों, रुचियों के बारे में दिलचस्प बातें बताता है। पॉपुलर संस्कृति के बोध के लिए यह सर्वे एक उपयोगी दस्तावेज़ है। नया सर्वे एक महत्वपूर्ण बात यह बताता है कि 'गांधी' अब भी भारत के सबसे बड़े 'ब्रांड एम्बेस्डर' हैं। 'लगे रहो मुन्ना भाई' फ़िल्म की 'गांधीगीरी' के बाद के 'पॉपुलर गांधीगीरी' वाले गांधी को मध्यवर्ग ने नए सिरे से 'खोजा' है। 2007 वर्ष के पहले दिन हिंदुस्तान टाइम्स में छपा सर्वे एक मध्यवर्गीय सपने की दास्तां है।

चार-पांच महानगरों के एक हज़ार से कुछ ज़्यादा लोगों के सर्वे की कुछ बातें दिलचस्प हैं। मसलन ज़्यादातर लोग भारत का भविष्य आशाजनक मानते हैं। वे भारत को सुपरपॉवर की तरह देखते हैं। यह सर्वे ज़ाहिर है शहरी लोगों के मन के नक़्शे को बताने वाला है। भले ही यह प्रतिनिधि न हो तो भी एक शहरी भारत का दिमाग़ इसमें बोलता है। लोग समझते हैं कि आने वाले दिनों में भारत की इकोनॉमी और बेहतर बनेगी। राजनीति भी बेहतर होगी। लोगों की नज़रों में जनतंत्र सबसे बेहतरीन प्रणाली है। भारतीय शहरी मध्यवर्ग की इन प्रतिक्रियाओं के साथ उन अन्य सामाजिक प्रतिक्रियाओं को जोड़कर पढ़ें तो मालूम होता है कि गांधीगीरी को अपने लिए सर्वोत्तम तरक़ीब मानते हुए भी ज़्यादातर शहरी लोग अंतर्जातीय विवाह करने को पसंद नहीं करते। ऐसे सर्वे सबके दिल की बातें तो नहीं कहते, लेकिन जो बातें कहा करते हैं कि वे कितनी भी बनाई गई दिखें, उनमें सचाई के अंश पढ़े जाने चाहिए।

यह सर्वे भारतीय मध्यवर्ग की चित्तवृत्ति की कुछ नई कहानी कहता है। यह एक लिबरल मध्यवर्ग का आना है, जो उस आरोप को नकारता है कि यह मध्यवर्ग सबसे ज़्यादा दक़ियानूसी है। अंतर्जातीय विवाह

के मसले पर उसकी दृष्टि एकदम दक़ियानूसी है, मगर जनतंत्र को सबसे अच्छी राजनीतिक प्रणाली मानना उसके लिबरल होने की निशानी भी है। एक बात यह भी नज़र आती है कि वह भविष्यवादी है, यानी यह मध्यवर्ग दिमाग़ से अभी बूढ़ा नहीं हुआ है। इसमें थकन नहीं आई है। सर्वे के सारे सवालों के उत्तरों के टुकड़ों को मिलाकर एक कहानी कही जाए तो कहा जा सकता है कि मध्यवर्ग की नई पीढ़ी अपनी पिछली पीढ़ी से कुछ ज़्यादा भविष्यवादी है। यह नए ग्लोबल समय की पीढ़ी है। यह एक बड़ा समाज है। भारत में जीडीपी का तीन चौथाई हिस्सा यही पैदा करता है। इसलिए सिर्फ़ इसलिए यह धिक्कार योग्य नहीं हो जाता है कि यह खाता-कमाता वर्ग है। सच तो यह है कि हर आदमी इसी मध्यवर्ग में ढल जाना चाहता है। मज़दूर अपने बच्चों को वैसा अंग्रेज़ीदां ग्लोबल बनाना चाहता है। किसान का बच्चा भी वैसा बनना चाहता है। यही एक नया 'सकल भविष्यवाद' है। आशावाद है। यह समाज की एक बड़ी ताक़त है क्योंकि यही वर्ग है जिसने पिछले बीस साल में मिले अवसरों का पूरा लाभ उठाया है। दुनिया में कहीं भी इतना बड़ा तैयार मध्यवर्ग नहीं है। इसका होना सिर्फ़ नकारात्मक कैसे हो सकता है जबकि उदार-अनुदार सब तरह के तमाम बुद्धिजीवी इसी में रहते हैं। यह अनेक अंतर्विरोधों से ग्रस्त है। मगर आशावाद इसकी ताक़त है। सन् दो हज़ार छह के विदा होते क्षणों में यही मध्यवर्ग नाचा है, गाया है। उसी ने ऐश किया है, होटलों में गया है, पटाख़े छुड़ाए हैं। यह मध्यवर्ग अपने पैसे को दिखाता है, अपनी ताक़त को दिखाता है और अपने काम के लिए ताक़त ख़र्च करना जानता है। उसका मन दो तरफ़ा है, अपने लिए वह एक ज़िंदगी चुनता है और दूसरों के लिए दूसरी चुनता है। ये बातें किसी भी बनते हुए मध्यवर्ग की कहानी का हिस्सा हैं।

इस मध्यवर्ग का निर्माण कई चरणों में हुआ है। इन दिनों जो

मध्यवर्ग बन रहा है, वह आज़ादी के तुरंत बाद बने मध्यवर्ग की तरह न है, न हो सकता है। तब के मध्यवर्ग में आज़ादी की लड़ाई के स्मरण ताज़ा थे। वह नायक की तरह खुद को पेश करता था। उस वक़्त के नेताओं का क़द ज़्यादा बड़ा, कुछ दमदार, भरोसेमंद नज़र आता है। उस वक़्त का उद्योगपति स्वयं को सोशली रिस्पॉन्सिबल मानता था। वंचित के प्रति हमदर्दी का वातावरण था। जीवनशैली में कोई दिखाऊपन नहीं था या था तो कम था। दिखाने में झिझक रहती थी। लेकिन नया मध्यवर्ग दिखावेबाज़ है।

यह ग्लोबल तकनीक मीडिया संचालित मध्यवर्ग है। औद्योगिक निर्माण के सपनों का बना मध्यवर्ग नहीं है। सर्विस सेक्टरी समाज का मध्यवर्ग है। तकनीकी बाज़ारी, मीडियाई ग्लोबल क्रांति की उपज है। यह नई इकोनॉमी में एक बड़े हिस्सेदार की तरह काम करता है। इसका मिज़ाज बहुत बदला हुआ है। आप इससे उदारता, विनम्रता और संकोच की बात नहीं कर सकते। ग्लोबल खेल में यह जान चुका है कि जो बिकता है वही चलता है। मार्केट प्रमुख है और बातें दोयम हैं। इस तरह यह फ्री मार्केट का शिशु है। ज़ाहिर है कि यह अपनी नई परिस्थिति की पैदाइश है। वह जो है सो है। उसके यहां दोहरी ज़िंदगी के नाटक नहीं हैं। हिंदी के लेखक बुद्धिजीवी लोग स्वयं इसी मध्यवर्ग का हिस्सा हैं। आप किसी भी हिंदी की कविताएं पढ़ें, कहानी पढ़ें उनमें निहित सक्रिय सपने इसी मध्यवर्ग के सपने हैं। कामयाबी, कामयाबी और कामयाबी ज़रूरी है। ज़रा 'मुन्नाभाई एमबीबीएस' के मध्यवर्ग की बात करें। मुन्नाभाई कहता हैः कामयाब होना है चाहे कैसे भी हों। उसकी तमन्ना डॉक्टर बनने की है और नहीं बन पाता। उसका अपमान होता है। वह डॉक्टर बनकर बदला लेना चाहता है। यही बराबर कामयाबी का उसका रास्ता है। यह मुन्नाभाई नए क़स्बाई युवा मध्यवर्ग का युवा है, जिसके पास कुछ पैसा, ताक़त है और जिसकी कामना टपोरी बनने

के बाद भी एक संभ्रांत मध्यवर्ग में प्रवेश करने की है। उसके डॉक्टर बनने में कितनी अड़चनें हैं। कहानी विस्तार से बताती है। मुन्नाभाई का कॉमिकी अंदाज़, इसी कामना की दुर्दमनीयता और कट्टर सिस्टम के टकराव से पैदा छोटी-छोटी बातों की जीत में ही कामयाबी के नए सपने और नुस्ख़े नज़र आते हैं। आप 'बंटी बबली' के मध्यवर्ग को इसमें और मिला दें तो आपको कामयाबी के सपने देखने वाला एक बड़ा मध्यवर्ग नज़र आता है जो चूंकि नियमों से बन नहीं सकता इसलिए नियम तोड़कर बनता है। असल सबक़ है कामयाब होना। यही उसका आशावाद है। वह किसी हिंदी प्रेमचंदीय पात्र की तरह इंतज़ार नहीं कर सकता। यही उसकी बेचैनी है। अचरज की बात है कि हिंदी के रचनात्मक लेखन में इस नए मध्यवर्ग की निंदा तो है, इसके ये छोटे-मोटे संघर्ष नहीं लिखे जाते हैं। यह हिंदी लेखन का अपने ही जीवन से कटकर पाखंडी हो जाना है। सर्वे में इसी मध्यवर्ग की कामना और वेदना झलकती है। एक ओर उसके पास जनतंत्र है, जिसमें वह कुछ कर सकता है। दूजी ओर निजी जीवन है कि वह जाति को ज़्यादा तोड़ नहीं सकता। वह अधिक उदार होना चाहेगा बशर्ते कि वह ज़्यादा कामयाब बने। उक्त सर्वे कामयाब लोगों के सपनों का है और सिर्फ़ इसलिए बेकार नहीं है कि वह कामयाब लोगों के सपनों की दास्तान कहता है। वे भविष्यवादी रास्ता बनाते हैं कि कुछ है जो ठीक-ठाक है और बहुत कुछ बेहतर हो सकता है। उसका अधिक रेडिकल न होना भी एक यथार्थ है। जब बड़े-बड़े रेडिकल नरम हो रहे हों तब मध्यवर्ग से क्रांतिकारी होने की उम्मीद अपना एजेंडा दूसरे के मत्थे मढ़ने जैसा छल है। हिंदी के लेखकों, पत्रकारों, बुद्धिजीवियों की अगली पीढ़ी इसी मध्यवर्ग से आनी है।

पपलू संस्कृति

संस्कृति की 'पूर्वता' की अवधारणा उसे प्राकृतिक या धार्मिक क़िस्म की प्रक्रिया मानने का परिणाम है जो इन दिनों तत्ववादियों को परिचालित करती है।

आधुनिक सांस्कृतिक की समस्त उपलब्ध अवधारणाएं मूलतः बुर्जुआ राष्ट्र के 'वाद' की अवधारणाएं हैं और वैसे ही उसके रूपक चले आए हैं जो इन दिनों संकट में हैं। यह संकट नए लेटैपीटलिज़्म के विकास के दबाव से आ रहा है जिसका कोई उपचार नहीं है क्योंकि वह कोई षड्यंत्र नहीं है। इतिहास है।

इस नए पूंजीवाद में खुले बाज़ार में संस्कृति का विनिमय अभिन्न और अनिवार्य हो उठा है, बाज़ार पहले भी था मगर नियोजित था। तब इजारेदारियां थीं। इससे पहले लोग किसी स्वर्ण युग में नहीं रहते थे। वह भी पूंजीवाद ही था। इसे धिक्कारने वाली आलोचना मूलतः रिएक्शनरी है और कल तक सुरक्षित बुर्जुआ की इजारेदारी की अरक्षितावस्था पैरानोइडा से परिचालित है। बाज़ार का अर्थ मूलतः यहां किन्हीं वस्तुओं या पण्यों की 'विनिमय' की प्रक्रिया से है जो कैपीटलिज़्म से पहले भी रहा है, फ़र्क़ सिर्फ़ इतना है कि वह बंधा बाज़ार था यह खुला हुआ ग्लोबल है और इसके नियम अभी ठहरे नहीं हैं।

विनियम की प्रक्रिया अपने आप में एक सांस्कृतिक प्रक्रिया ही

है इसलिए बाज़ार एक संस्कृति का ही नाम है। कोई भी संस्कृति बाज़ार से अलग या मुक्त नहीं रही और न रह सकती है।

ज़्यादातर आलोचना 'बाज़ार में रहकर' बाज़ार की ऐसी आलोचना है जो किसी ऐसे समय की कल्पना करती है जब बाज़ार न होगा। ऐसी तमाम आलोचना संदिग्ध, पाखंडी और अंततः बाज़ार की शिकार आलोचना है।

तमाम धर्म तत्ववादी ग्लोबल बाज़ार युक्तावस्था से परेशान हैं और अपने वर्चस्व के लिए उसे ख़तरनाक मानते हैं, उसे रोकने की मुद्रा में वे अधिक हिंसक और स्पर्शी होते हैं। स्पर्धा पुनः उन्हें बाज़ार में ले आती है, उनकी वहशत मूलतः एक फंसे और हारे हुए विमर्श की पराजित और वहशी प्रतिक्रिया भर है। यही हाल मार्क्सवाद के तत्ववादियों का भी है। इस प्रक्रिया में इनके नए-नए पाखंड सामने आ रहे हैं और उपहास के केंद्र बन रहे हैं। बाज़ार इसी तरह तत्ववाद को कमज़ोर कर उसे हल्का करता है और खुले सूचना संवलित जनतंत्र की मांग पैदा करता है, इससे तमाम पैमाने बदल रहे हैं। जो पुराने टूट रहे हैं उनमें हाहाकार है।

बाज़ार और उससे जुड़े सूचना सांस्कृतिक उद्यम नए जन क्षेत्र बना रहे हैं जो मनुष्य के नए विश्व समाज में भविष्य हैं और कोई भी सांस्कृतिक विमर्श उसे समझकर ही संभव है। बाज़ार ने एक नया भविष्य दिया है जो पिछले से ज़्यादा चुनौती भरा व जोखिम और आशा भरा है, भारतीय समाज की विराट नई पीढ़ी और उसके नए केंद्र उसमें संवाद करते हैं। सूचना संवलित ग्लोबल खुला बाज़ार और उसकी समग्र संस्कृति के नए चिह्न यदि न होते तो 'लिंग न्याय', 'जाति न्याय', 'उपभोग न्याय' और विश्व के मानव के अधिकारों की बातें पैदा नहीं होतीं। बाज़ार की संस्कृति विश्व की संस्कृति है।

कई तरह की रद्दोबदल हुई हैं। सहजानुभूति और रसिकता से

आगे निकलकर संस्कृति 'मांग' और 'आपूर्ति' के 'न्याय' के क्षेत्र में दाखिल हुई है। 'अर्थ' (मीनिंग) के क्षेत्र से निकलकर वह 'उपभोग और आनंद' के क्षेत्र में दाखिल होकर 'पॉपुलर कल्चर' बनी है। पॉपुलर कल्चर में भी विरोध प्रतिरोध संभव होता है।

हमारे कई 'सांस्कृतिक विमर्श' भी पूंजी से दूर रहने वाले पाखंडी बाबाओं के उन बयानों की तरह लगते हैं जो कहते रहते हैं कि बाबाजी लक्ष्मी जी को हाथ नहीं लगाते। लेकिन ख़ज़ाने की कुंजी अपने पास ही रखना चाहते हैं। यह विमर्श मुफ़्तख़ोर, पाखंडी और पराजित विमर्श हैं इनमें पुनरूपनिवेश कृत हो जाने की कामना छिपी है।

संस्कृति और बाज़ार के संबंधों को समझाने के लिए हमें इस 'षड्यंत्रवाद' से मुक्त होना होगा।

खुला बाज़ार एक सेक्यूलर प्रक्रिया है, पहली बार संस्कृति इस प्रक्रिया में पड़कर सेक्यूलर होती है।

बाज़ार के उतार-चढ़ाव के अनुपात में राज्य सत्ता का हस्तक्षेप भी मूलतः बाज़ार के नियमन के लिए ही होता है।

समकालीन सांस्कृतिक विमर्श खुले बाज़ार और समाजों के बीच अंतर्क्रियाओं का परिणाम हैः

'पपलू संस्कृति' इसी अंतर्क्रिया में बनती है।

पॉपुलर कल्चर

'पॉपुलर कल्चर' अंग्रेज़ी का पद है। इसे हिंदी में 'लोकप्रिय संस्कृति' भी कहा जाता है। लेकिन जो ख़ास मानी 'पॉपुलर कल्चर' पद देता है वह लोकप्रिय संस्कृति पद नहीं देता। पॉपुलर कल्चर की पदावली अलग और कुछ ख़ास प्रक्रिया वाली होती है। उसका स्वरूप लोकप्रिय होता है लेकिन अपनी बनावट में अपनी निर्माण प्रक्रिया में वह कुछ अलग होती है।

दीपावली, होली, पोंगल, ओणम, गणेश चतुर्थी, रक्षाबंधन आदि तमाम ऐसे उत्सव होते हैं जो लोकप्रिय उत्सव कहे जाते हैं और जिनमें पॉपुलर कल्चर के चिह्न भी मिले होते हैं। रामलीला, गरबा, डांडिया, तमाशा, स्वांग, नौटंकी आदि तमाम सांस्कृतिक रूप, शादी ब्याह पर संगीत आदि, तमाम लोककलाएं, लोकनाट्य, लोकगीत, लोक संगीत, सब लोकप्रिय संस्कृति के वर्ग में रखे जा सकते हैं। उनमें पॉपुलर होने का तत्व होता है। वे एक समाज में पॉपुलर होते हैं। एक समूह में होते हैं। और उसके जीवन से गहरे जुड़े होते हैं। लोकप्रिय के अर्थ में 'पॉपुलर' होने का एक बड़ा कारण उन रूपों का आनंददायक, मनोरंजक होना होता है। लेकिन वे एक समूह, एक समुदाय, एक जाति, एक धर्म आदि के भीतर अधिक बोधगम्य होते हैं और दूसरे समुदायों के

लिए वे कुछ पराए भी हो सकते हैं।

पुराने वक़्तों में संस्कृतियों का बहुत जल्दी मिश्रण नहीं होता था। वे एक-दूसरे से अलग नज़र आती थी। बहुत से रूप आज भी नहीं मिलते। विवाह के रीति-रिवाज जो एक जाति या गोत्र में लोकप्रिय यानी मान्य होते हैं वे दूसरी में नहीं होते। भाषा जिस तरह बदलती है और हर पांच कोस पर बदलती नज़र आती है, उसी तरह परंपरागत लोकप्रिय संस्कृति भी बदलती है क्योंकि उसको आश्रय देने वाले और बनाने वाले लोग बदल जाते हैं। लोक यानी लोग यानी एक ख़ास जनसमूह एक ख़ास भौगोलिक जगह, ख़ास भाषा और जीवन शैली में रहने वाला समाज अपने ख़ास रंग को बनाए रखता है।

संस्कृति चूंकि पहचान का माध्यम होती है इसलिए एक समाज में अकुंचित भाव से स्वीकृत होती है और दूसरे समाज के साथ उसका संवाद कभी सरल कभी तिर्यक भी हो सकता है। हर संस्कृति 'विशिष्ट' होती है और किसी 'दूसरी संस्कृति' से 'अलग' होती है। लोक का अर्थ एक जाति या वर्ग या समुदाय के लोक से है। उदाहरण के लिए प्रख्यात कथाकार प्रेमचंद को सवर्ण पढ़ा-लिखा वर्ग महान कथाकार मानता है। मानवीय मूल्यों का कथाकार मानता है लेकिन दलित वर्ग उन्हें आज वैसा नहीं मानता। इसी तरह बहुत से त्योहार जिस तरह से ऊंची जातियों द्वारा मनाए जाते हैं दलित उन्हें उस तरह नहीं मनाते दिखते। ऐसे में कहा जा सकता है कि जिसे लोकप्रिय कहा जाता है वह परंपरागत संस्कृति के लोक के निर्धारण से निर्धारित होता है।

संस्कृति का अर्थ संस्कृत भाषा में संस्कार करने वाली क्रिया से होता है। इस अर्थ में यह एक बहुत व्यापक अर्थ वाला पद है जिसके अंतर्गत जीवन के समस्त परिवर्तन, शिक्षा व्यवहार और रचनात्मक क्रियाएं आ जाती हैं। संस्कृति पद हिंदी में जिस तरह से रूढ़ हुआ है उसके कारण परंपरा और संस्कृति को लगभग एक साथ या पर्याय के रूप

में भी देखा जाता है। धर्म और संस्कृति को भी बहुत अलग-अलग करके नहीं देखा जाता। संस्कृति धर्म का ही दूसरा नाम बताई जाती है। सभ्यता पद भी इसी तरह संस्कृति का पूरक पद माना जाता है या मित्र पद माना जाता है। उसे अलग से उपयोग में लाते हुए भी अनेक बार उसका अर्थ संस्कृति के पर्याय की तरह ही किया जाता है।

इस तरह जिस संस्कृति की प्रायः रोज़मर्रा में बात होती है वह सभ्यतामूलक होती है, धर्ममूलक होती है, इस समझ के बाहर पड़ने वाली कोई ऐसी संस्कृति और उसके रूप भी हो सकते हैं जिनका मूल धर्म में न हो या हो तो काफ़ी धूमिल हो गया हो और जो सभ्यता मूलक भी न हो लेकिन सभ्यता की ओर कुछ संकेत करती नज़र आती हो। आज जब हम बच्चों को डांडिया गरबा में नए गानों के कैसेटों पर नाचते गाते देखते हैं तो मालूम पड़ता है कि धर्ममूलक डांडिया रास अब मात्र सुखदानुभूति वाली क्रिया बनकर रह गया है। उसका पूजापाठ उसकी पवित्रता उसका कर्मकांड जो कि पुराने जमाने में रहा होगा उससे बाहर निकल गया है। ऐसे रूपों को देखकर हम यही कह सकते हैं कि ये रूप लोकप्रिय तो हैं ही अपनी समूची प्रक्रिया में सेक्यूलर हैं और धार्मिक मूल्यवाद को वे छोड़ चुके हैं और इस तरह सेक्यूलर बन रहे हैं। इस नज़र से पॉपुलर संस्कृति की पदावली सेक्यूलर कल्चर के आसपास बैठती है। धर्म के बहुत से चिह्न यहां हो सकते हैं लेकिन वे अपने मूलार्थ प्रेरक अर्थों को छोड़कर यहां आकर नए पुराने के बीच मिक्स होते रहते हैं। उपभोगमूलक मनोरंजक अर्थ ग्रहण करते रहते हैं। पॉपुलर कल्चर इसी अर्थ में सभ्यतामूलक विमर्श है। यदि उसका कोई सभ्यतामूलक विमर्श है तो वह पूंजीवादी विमर्श है। आज के पॉपुलर कल्चर के आलोचक उसे पश्चिमी जगत का हमला आदि कहते हैं जबकि वह मूलतः पूंजीवादी संस्कृति है जो औद्योगिक क्रांति

के साथ-साथ विकसित हुई कही जाती है।

यूरोपीय नवजागरण और ज्ञानोदय के बाद संस्कृति और तमाम भौतिक क्रियाएं चर्च के आधिपत्य से अलग हुईं और सेक्यूलर बनीं। शिक्षा न्याय और विज्ञान चर्च के वर्चस्व से अलग हुए। वे स्वायत्त बने और वे अपने स्वतंत्र नियमों के साथ समाज में काम करने लगे। पश्चिम में नवजागरणकाल के बाद संस्कृति का अर्थ मानवकृत उन तमाम क्रियाओं से लिया जाने लगा जो प्रकृत नहीं हैं यानी जो प्रकृति से बनी बनाई नहीं हैं जिन्हें मनुष्य ने अपनी मेहनत और दिमाग़ से बनाया है वह उनका कर्ता है, स्वामी है और उनके परिणाम के लिए ज़िम्मेदार है। तब मानववाद का बोलबाला था। सारी क्रियाओं के केंद्र में मानव हित था। मानव पर केंद्रित मानव हितकारी क्रियाएं संस्कृति के घेरे में आ जाती थीं। यही परिचय आज संस्कृति की लगभग स्वीकृत परिभाषा है।

औद्योगिक क्रांति के दौरान संस्कृति और यंत्र का मिलन हुआ। और संस्कृति एक संगठित उद्योग का हिस्सा बनने लगी। उसमें पूंजी का निवेश होने लगा। किसी भी सामान की तरह, किसी भी पण्य (कमोडिटी) की तरह उसका निर्माण किया जाने लगा और उसे बाज़ार में बेचा जाने लगा। इससे पहले की तमाम सांस्कृतिक क्रियाएं निजी यानी कारीगरों की होती थीं और बहुत सीमित अर्थ में विनिमय में आती थीं तथा उनसे बहुत कम नकद पैसा पैदा किया जाता था। अब संस्कृति से काफ़ी नक़द लाभ कमाया जाता है।

आज दुनिया के सौ डेढ़ सौ बहुराष्ट्रीय निगम तरह-तरह से इस उद्योग में लगे हैं। उनका बहुत सा पैसा लगा है इसने संस्कृति की प्रक्रिया को बदल दिया है। यह 'पॉपुलर कल्चर उद्योग' का युग है।

लोकसंस्कृति के बहुत से उपलब्ध रूप और संस्कार कृषि युगीन उत्पादनों से युक्त नज़र आते हैं जबकि औद्योगिक युग में जो संस्कृति

बनती है उसमें बहुत से कृषियुगीन उपादानों के साथ नए यांत्रिक उपादानों को मिलाकर कुछ नया बनाया जाता है। संस्कृति के यांत्रिक उत्पादन से पॉपुलर कल्चर की अवधारणा गहराई से जुड़ी है।

लोक संस्कृति में व्यक्तियों-समूहों का परस्पर आदान-प्रदान था। विनिमय नहीं था और संस्कृति किसी पण्य की तरह नहीं थी। आवयविक क्रिया की तरह थी। होली है तो नवान्न का उत्सव होगा दीपावली आएगी तो धन-धान्य का होगा, संपदा होगी इत्यादि। लोकसंस्कृति ऋतु चक्र से जुड़ी हुई थी। खान-पान की संस्कृति भी ऋतु चक्र से जुड़ी थी। यह पूर्व पूंजीवादी संस्कृति थी।

इसके बरक्स पॉपुलर कल्चर के युग में न केवल कच्चे सांस्कृतिक माल को पक्के में बदलकर उसे यांत्रिक उत्पाद की तरह बाज़ार में उपभोग के लिए उत्पादित किया जाता है बल्कि उससे पूंजी पैदा की जाती है।

उसकी सार्थकता उसके बेचे ख़रीदे जाने में ही है। उसका जीवन उसके द्वारा पैसा पैदा करने मुनाफ़ा पैदा करने में निहित है। वह ऋतु चक्र से नहीं ज़रूरतों और पैदा की गई सहज सी लगने वाली कृत्रिम ज़रूरतों के साथ जीती मरती है। लोक संस्कृति में जीवन की ज़रूरत के हिसाब से संस्कृति का निर्माण होता था और वह सब व्यक्तिगत समूहगत था। 'पॉपुलर कल्चर' संस्कृति का एक औद्योगिक उत्पादन है। साथ ही उसमें बहुत कुछ फ़ालतू भी बनता है। कबाड़ भी बनता रहता है। इसके बावजूद मानवीय ज़रूरतों उपयोगिता और आनंद के निर्माण से वह इस क़दर बाबस्ता रहती है कि उसकी सार्थकता बनी रहती है।

आज का युग पॉपुलर कल्चर का ही युग है। इसकी ताक़त इसकी उपयोगिता है। अपने स्वरूप में पॉपुलर कल्चर अब तक की तमाम संस्कृतियों के उपादानों को अपना उपजीव्य बनाती चलती है और उसका

नया संस्कार करती रहती है। हां, उसमें स्थायित्व की बात नहीं होती। वह अमरता में यक़ीन नहीं करती। न वह किसी मुक्ति की बात करती है। वह हमेशा ही आनंद की बात करती है। उसमें रंजकता का तत्व अधिक होता है। यही उसका पोस्टमॉडर्न तत्व है। आज उसका प्रसार ग्लोबल है। उसने अब तक चली आती प्रस्थापनाओं को बदल डाला है। सोचने-समझने के ढंग में परिवर्तन ला दिया है। इसे पश्चिमी विद्वान 'कल्चरल शिफ़्ट' कहते हैं 'सांस्कृतिक मोड़' कहते हैं। इस दौर से पहले संस्कृति समाजों के आर्थिक आधारों का प्रतिबिंबन करती थी, इस दौर में संस्कृति कई बार आर्थिक संरचना का निर्माण तक कर डालती है। वह आधार से कभी आज़ाद भी हो सकती है और आधार को प्रभावित करने लगती है। वह समाज का प्रतिबिंब मात्र न होकर उसका निर्माण करने लगती है। आर्थिक आधार हमारी जीवनशैली और जीवन व्यवहार को जितना निर्मित करते हैं उतना ही पॉपुलर कल्चर भी करती है। उदाहरण के लिए उपभोक्ता वस्तुओं की कामना और उपभोग सबको एक जैसा बना देता है। सबको एक रूप में ढालने लगता है जबकि एक रूप में ढालने का काम राजनीति नहीं कर पाती। हिंदी भाषा को पॉपुलर कल्चर ने भारत भर की प्रिय भाषा बना डाला है जबकि राजभाषा क़ानून ने उसके प्रति लोगों में गुस्सा ही पैदा किया।

इस तरह पॉपुलर कल्चर की निम्न विशेषताएं कही जा सकती हैं:

1. पॉप कल्चर संस्कृति का औद्योगिक उत्पादन है, यांत्रिक उत्पादन है।

2. पॉप कल्चर उपभोक्ता संस्कृति का एक बड़ा वाहक और उत्पादन है।

3. पॉप कल्चर बाज़ारी संस्कृति है क्योंकि यह विनिमय को ज़रूरी करती है।

4. पॉप कल्चर अपने उत्पादन से उसी तरह मुनाफ़ा देती है जिस तरह से कोई अन्य उत्पादन वाली कंपनी देती है। इस मानी में यह एक सांस्कृतिक उद्योग है जैसे फ़िल्में या मनोरंजन के चैनल इत्यादि।

5. पॉप कल्चर आधुनिक मीडिया और मार्केट पर सवार होकर आती है।

6. पॉप कल्चर ज़रूरत, रुचि व जीवनशैली को बनाती है।

7. पॉप कल्चर एक ही वक़्त में सबको एकसार करने वाली और अस्मितामूलक विभेद करने वाली होती है। वह अस्मिता के प्रति सजग बनाती है और समाज का पुनर्गठन करती है। पॉपुलर कल्चर में 'एक्सक्लूज़न' और 'इन्क्लूज़न' की क्रिया चलती रहती है। उसमें यदि उपभोक्ता को अपनी गिरफ़्त में लेने की ताक़त होती है तो उपभोक्ता को उस गिरफ़्त से मुक्त होने का अवसर भी वह देती है।

8. पॉप कल्चर के तमाम आर्थिक हित संलग्न रहते हैं और सभ्यतामूलक हित भी रहते हैं। इसलिए वह विचारों का तनावयुक्त संघर्ष मूलक क्षेत्र भी बन जाती है।

9. पॉप कल्चर क्षणभंगुर चिह्न भर देती है वह अमर नहीं है।

10. मनोरंजन उद्योग के अंतर्गत आने वाली तमाम वस्तुएं और क्रियाएं पॉपुलर कल्चर के अंतर्गत आती हैं। मसलन फ़िल्म, उसके नाच-गाने, एल्बम, टीवी, ख़बरें, मनोरंजक कार्यक्रम, वीडियो, रेडियो, खान-पान, आराम करने की जगहें पर्यटन, खेलकूद, फ़ैशन, तमाम क्रियाओं में पॉपुलर कल्चर की व्याप्ति है।

11. इस तरह यह खरबों डॉलर की संस्कृति है। विश्व में सिर्फ़ विकसित देशों की पॉपुलर कल्चर इंडस्ट्री को 500 बिलियन डॉलर का बताया जाता है। ज़ाहिर है कि इसमें बहुत सारे आंकड़े शामिल

नहीं हैं जो इस सांस्कृतिक विराट उद्योग के रंग रेशों से जुड़े होते हैं। अकेले हॉलीवुड ही हज़ारों करोड़ डॉलरों का उद्योग कहा जा सकता है। फिर सारे विकसित देशों के सांस्कृतिक उद्योग का आकलन करें तो यह आंकड़ा पुराना ही मालूम पड़ेगा।

भारत में सांस्कृतिक उद्योग एक बड़ा उद्योग है। पुराना पारंपरिक, संस्कृति-प्रिय प्रदर्शन-प्रिय समाज होने के कारण अपने समाज की संस्कृति बहुलतावादी है। उसमें अनेक संस्कृतियां रहती हैं और उनका पुनर्संस्कार-पुनर्निर्माण होता रहता है। होली, दीपावली, ओणम, पोंगल सब इस औद्योगिक संस्कृति का हिस्सा बन चले हैं और अपने मिज़ाज में लोकल रहने के साथ ग्लोबल हो चले हैं। इस बार की भारत की दीपावली में चीनी लक्ष्मी गणेश बाज़ार में थे। चीनी लाइटें पहले सी ही रही हैं। इसी तरह खानपान में मैकडोनाल्ड भी है और चीनी चाऊमीन तो अब नूडल्स बन चुका है। पहनावे में पेंट शर्ट ही नहीं टाई से लेकर जूते तक सब ब्रांड ग्लोबल हो चले हैं। भारतीय हिंदी विदेशों में लोकप्रिय हो उठी है। ज़ाहिर है कि पॉपुलर कल्चर का ग्लोबल प्रसार है। व्याप्ति है।

फ़िल्मों की ही बात करें। भारत दुनिया का सबसे बड़ा फ़िल्म निर्माता है। आठ सौ से ज़्यादा फ़िल्में यहां हर साल बनती हैं। कोई सौ टीवी चैनल यहां हैं जिनमें से ज़्यादातर ग्लोबल ट्रांसपोंडरों से बने हैं। मीडिया का उद्योग भारत में दस फ़ीसदी की दर से बढ़ा है। नब्बे फ़ीसदी आबादी मीडिया की परिधि में आती है। आज सत्रह करोड़ मोबाइल फ़ोन हैं। अगले पांच साल में मोबाइल कनेक्शनों की संख्या पच्चीस करोड़ होने का अनुमान है (2009 के अंतिम दिनों तक यह आंकड़ा 50 करोड़ तक पहुंचने का अनुमान है)। इंफ़ॉर्मेशन, कंज़्यूमरिज़्म, ऐंटरटेनमेंट तीनों से जुड़े 'आइस-उद्योग' अब कन्वर्जेंस की ज़रूरत बताने लगे हैं और कन्वर्जेंस बिल विचाराधीन है। सूचना समाज की ओर

भारत बढ़ रहा है। सूचना के अधिकार का क़ानून बन चुका है।

इस तरह कहा जा सकता है कि संस्कृति के उद्योग के नए चरण का आरंभ हो चुका है जो कि बहुत से कामों के लिए निर्णायक है। हमारे जीवन के अनुभव अब मनी, मार्केट और मीडिया के ज़रिए ही होते हैं। वे पहले की तरह उतने पर्सनल ऐंद्रिक नहीं होते।

फ़िल्म उद्योग में सौ फ़ीसदी एफ़.डी.आई. लगने की बात आरंभ हो चुकी है। मीडिया में सत्ताइस फ़ीसदी एफ़.डी.आई. की अनुमति दीं जा चुकी है। टूर एंड ट्रेवल्स में पहले से ही छूट थी। यह मनोरंजन उद्योग का ग्लोबल प्रसार है जिसमें सारा विश्व एक बाज़ार है। भारतीय फ़िल्में भारतीय फ़िल्मी गाने दुनिया के बाज़ारों में बिकते हैं। अमेरिका में यूरोप में भी बॉलीवुडीय हिंदी की फ़िल्म रिलीज़ होती हैं और हज़ारों करोड़ रुपया कमाती हैं। बहुत सी फ़िल्में अब सिर्फ़ ग्लोबल बाज़ार को ध्यान में रखकर ही बनाई जाती हैं। कई विश्व सुंदरियां हो चुकी हैं। ज़ाहिर है कि भारत में फ़ैशन और सौंदर्य प्रसाधन उद्योग बहुत बढ़ा है।

खेल उद्योग का हिसाब क्रिकेट से देखा जा सकता है जिसके प्रसारण के अधिकार को लेकर बड़ी टीवी कंपनियां दांव लगाती हैं। क्रिकेट भारत का ही नहीं, दुनिया भर का एक बड़ा खेल है और कमाई वाला खेल है। अकेले सचिन को उपभोक्ता वस्तुओं को स्पॉन्सर करने के दसियों करोड़ डॉलर से ज़्यादा मिलते हैं। इससे स्पष्ट है कि भारत में पॉपुलर कल्चरल उद्योग अपने समूचे संजाल के साथ मौजूद है।

पॉपुलर कल्चर के इस संजाल और दबाव को देखकर परंपरावादी लोग विचलित होते हैं तथा इसे पश्चिमी ख़तरा आदि मानते हैं और स्वदेशी भाव की संस्कृति पर ज़ोर देते हैं। लेकिन वे यह देखना भूल जाते हैं कि संस्कृति में भारतीय संस्कृति के बहुत से रूप विदेशों में

लोकप्रिय हो रहे हैं। बाज़ार बना रहे हैं। डॉलर कमा रहे हैं। इनमें
धर्म के अनेक रूप, योग ध्यान के अनेक रूप, पूजा-पद्धतियों के रूप,
आयुर्वेद, ज्योतिष बड़े बाज़ार बन रहे हैं। पॉपुलर कल्चर का उद्योग
इसी तरह फलता-फूलता है और अपने आलोचकों को चुप करता है।
मेडोना बिंदी लगाकर गीता का श्लोक बोलकर गाती है तो अच्छी लगती
है, लेकिन जब वही थोड़ा नग्न सी दिखती है तो हाय-हाय होती है।
इस तरह के अनेक उदाहरण मात्र हैं। वे दुर्दमनीय से हैं। आप उनसे
मनोरंजन कर सकते हैं। उन्हें अधिक गंभीरता से लेना ज़रूरी नहीं।

पॉपुलर कल्चर को 'नीच' यानी 'लो' कल्चर माना जाता है और
उसके विपरीत 'हाई कल्चर' या उच्च संस्कृति को महत्वपूर्ण माना जाता
है। ऐसा उच्च वर्ग मानते हैं। एलीटवर्ग के लोग ऐसा सोचा करते हैं।
लेकिन पॉपुलर कल्चर ने 'हाइ' और 'लो' का भेद मिटा दिया है।
आज पॉपुलर कल्चर उपभोक्ता कल्चर का पर्याय बन चला है। वह
एक ही साथ सांस्कृतिक क्रिया है और आर्थिक प्रक्रिया भी है। वह
भारतीय समाज को एक नए रूप रंग में ढाल रही है। यूरोप में उसे
अध्ययन का विषय बनाया जाने लगा है। भारत में भी सांस्कृतिक
अध्ययनों को विषय बनाया जाने लगा है। समाजशास्त्र में यह एक
नया अध्ययन बन चला है। राजनीति में संस्कृति ने अब एक नए रूप
में प्रवेश किया है। इसे सांस्कृतिक राजनीति कहा जाता है। दल संस्कृति
के प्रतीकों के ज़रिए राजनीति करते हैं। गह दुनिया भर में हो रहा
है। भारत में भी हो रहा है। इसलिए नए ढंग से संस्कृति का अध्ययन
ज़रूरी हो उठा है। पॉपुलर कल्चर का अध्ययन इस दिशा में मददगार
माना जाता है।

मनोरंजन उद्योग

रंजन का अर्थ हैः रंगना, रंग लेना, तद्रूप बना देना।

'मनोरंजन' का अर्थ हैः मन का 'रंजन'। रंजन यानी आनंद, सुख, तुष्टि। जो क्रिया अथवा प्रक्रिया मन का रंजन करने वाली है उसे 'मनोरंजक' कहा जाता है।

'मनोरंजन' पद का अर्थ लगातार बदलता रहा है। देशकाल भेद के अनुसार, इतिहास के अलग-अलग समय में मनोरंजन का अर्थ, उसका स्वरूप, उसकी व्याप्ति में लगातार परिवर्तन हुआ है। चूंकि 'रंजन' क्रिया मन की एक स्वाभाविक क्रिया है इसलिए उसका श्रेय मनुष्य के समस्त कार्यक्षेत्र और अनुभव क्षेत्र तक फैला रहता है। मन का रंजन एक ही साथ निजी क्रिया हो सकती है और सामूहिक भी। व्यक्ति-व्यक्ति के बीच मनोरंजन की सामग्री, मनोरंजक क्रिया को लेकर रुचि भेद हो सकता है। 'रुचि' मनोरंजन का एक बड़ा और पूरक पद है। रुचि भेद से मनोरंजन भेद हो जाता है। सबकी रुचि एक सी नहीं होती। तो भी समुदाय, समूह में रुचियों को एक रूप एक स्तर दे दिया जाता है। मनोरंजन के एक जैसे स्वरूप और प्रक्रियाएं, सामूहिक स्वरूपों ने ले ली हैं।

आज मनोरंजन उद्योग दस फ़ीसदी से ज़्यादा की सालाना बढ़त हासिल कर रहा है। भारत के संदर्भ में देखें तो सन् 2000 से 2010

तक के संदर्भ में मनोरंजन उद्योग की बढ़त का आकलन प्रक्षेपण किया गया है। वित्तीय घरानों की एक संस्था फ़िक्की की सहायता से एक चार्टर्ड कंपनी 'प्राइस वाटर हाउस कूपर' ने भारत के मनोरंजन उद्योग का आकलन करते हुए बताया कि दस साल में भारत का मनोरंजन उद्योग 60 हज़ार करोड़ रुपए का हो जाएगा। इस मनोरंजन उद्योग में सिनेमा, नाच गानों के एलबम, टीवी सीरियल, वीडियो, रेडियो के कार्यक्रम आदि शामिल किए गए थे। इस आकलन के बाद इस उद्योग के बारे में अध्ययन लगातार बढ़ते गए। इकोनॉमिक टाइम्स ने इसी समय के आसपास अपना एक आकलन प्रस्तुत किया जिसमें मनोरंजन उद्योग की बढ़त को साठ हज़ार करोड़ के आसपास आकलित किया। यहां भी फ़िल्में, टीवी, रेडियो आदि सबको शामिल किया गया था। उसके बाद लगभग हर साल मनोरंजन उद्योग को लेकर कोई न कोई अध्ययन आकलन आता रहता है।

मनोरंजन प्रक्रिया का उद्योग में बदलना एक आधुनिक घटना है, मनोरंजन के परंपरागत रूपों को भी इस प्रक्रिया में बदलना पड़ा है। यूरोप अमेरिका में मनोरंजन कर्म सबसे पहले उद्योग बना। यह पहले विश्वयुद्ध से दूसरे विश्वयुद्ध के बीच बनने लगा था। बहुत सी मनोरंजन सामग्री के उद्योग स्थापित किए जाने लगे। इनमें मनोरंजन करने वाले कॉमिक्स, कहानियां, उपन्यास, चुटकुले बड़े पैमाने पर बनाए जाने लगे। रेडियो के आ जाने से क्लासीकल संगीत लोकप्रिय गीतों मे ढलने लगा। जब तक फ़िल्में मूक रहीं तब तक वे बड़े उद्योग का दर्जा नहीं पा सकीं। बोलती फ़िल्मों ने तेज़ी से मनोरंजन के बाज़ार को बढ़ाया। बड़े-बड़े स्टूडियो बनने लगे। रेडियो के साथ रिकार्डिंग के आने से गानों का उद्योग चल पड़ा। इससे मनोरंजन और संस्कृति के दो स्तर बनने लगे। एक स्तर क्लासीकल और कुलीन वर्ग के लिए मनोरंजन की सामग्री का दूसरा स्तर जनता जनार्दन के मनोरंजन के लिए बनने वाली

सामग्री का। दोनों ने संस्कृति की अवधारणा बदल दी। 'मास' या बड़े पैमाने पर जनता के शहरों में आ जाने से उनके आमोद-प्रमोद के साधन सरल, सुलभ, फ़ॉरमूलाबद्ध से नज़र आने लगे। वे मज़दूरों को निम्न मध्यवर्ग को पसंद आने लगे, यही बाद में 'मास कल्चर' या 'पॉपुलर कल्चर' कहलाया। मनोरंजन उद्योग के विकास से पॉपुलर कल्चर का विकास जुड़ा हुआ है। पॉपुलर कल्चर मनोरंजन का सबसे सशक्त माध्यम है। इस विकास क्रम में परंपरागत मनोरंजन के साधनों और रूपों से मनोरंजन के आधुनिक रूपों का भेद धीरे-धीरे स्पष्ट होता गया। परंपरागत रूपों में, भारत के संदर्भ में, विशेष रूप से बात करें तो मंदिरों के भजन कीर्तन, त्यौहार, पर्व, मेले, भालू-बंदर के नाच, नट-नटी के करतब, परंपरागत लोक नाट्य, लोक शैली का काव्यकर्म, खेलकूद परंपरागत मनोरंजन के अवसर और स्वरूप कहे जा सकते हैं। ये मनोरंजन रहे। उद्योग न बन सके। मध्यकाल में दरबारों में नर्तकियों का, मंदिरों में देवदासियों का नृत्य भी प्रचलित रहा लेकिन ये अपने उस रूप में उद्योग नहीं कहला सके। उसका कारण यह रहा कि वे शिल्पियों के उत्पाद रहे। उन्हें देखने-सुनने, उनका आनंद लेने वाले लोग राजा, नगर सेठ होते। जनता जनार्दन लोक संगीत, लोक नाट्य का आनंद लेती। कथा-भागवत सुनती, कीर्तन करती।

यदि हम मध्यकालीन मनोरंजन के इन मॉडलों को देखें तो ये आधुनिक मनोरंजन उद्योग से कई स्तर पर अलग नज़र आते हैं। इनमें जनता 'रसिक' बनती है। राजाश्रय के बल पर कलाएं जीवित रहती हैं। कलाएं अपना पैसा नहीं बना पातीं, कलाएं बाज़ार के लिए नहीं होतीं। वे विक्रय की वस्तु नहीं मानी जातीं। वे निजी शिल्प का उद्यम होती हैं। वे निवेश और मुनाफ़े का ज़रिया होतीं। इसलिए उन्हें सृजन, रचना, शिल्प आदि मनाया जाता है। वे 'उपभोग' से परे कला-संस्कृति की 'शाश्वत' आनंद की विषय मानी जाती हैं।

मनोरंजन उद्योग की सांस्कृतिक सामग्री 'निजी शिल्प' तक सीमित नहीं होती, वह टीम वर्क होता है। फ़िल्में, सीरियल, रेडियो के गाने इत्यादि सिर्फ़ किसी एक व्यक्ति के नहीं होते। मनोरंजन सामग्री तकनीक एवं माध्यम पर निर्भर होती है। वह 'निर्मित', 'उत्पादन' कहलाती है। वह 'शाश्वत' आनंद के लिए नहीं क्षणिक सुख या आनंद के लिए होती है। उसे बाज़ार से ख़रीदा जा सकता है। वह बाज़ार की संस्कृति होती है। वह अतिरिक्त मूल्य (सरप्लस वैल्यू) पैदा करती है।

पश्चिमी दुनिया में मनोरंजन उद्योग एक बड़ा स्वतंत्र उद्योग है। भारत में वह तेज़ी से विकसित हो रहा है। 2001-2002 वर्ष में इकोनॉमिक टाइम्स ने 'एंटरटेनमेंट में 2001-2002' शीर्षक से एक अध्ययन प्रकाशित किया। इसके अनुसार दुनिया भर में मनोरंजन उद्योग कई खरब डॉलर (ट्रिलियन डॉलर) का माना जाता है। अध्ययन कहता है कि यह उद्योग हमारे यहां अभी बन रहा है। मनोरंजन की सामग्री 'बौद्धिक संपदा' मानी जाती है।

मनोरंजन की सांस्कृतिक सामग्री माध्यम निर्भर है। वही इसे 'बाज़ार' मुहैया कराते हैं। उपभोग की सामग्री बनाते हैं। मनोरंजन उद्योग की प्रक्रिया इन माध्यमों की प्रक्रिया और विकास से अनुपातिक रूप से जुड़ी है। इसे हम भारत में पिछले तीस चालीस सालों के जनसंचार माध्यमों के इतिहास के संदर्भ में समझ सकते हैं।

इन दिनों भारत के आकाश पर सौ से सवा सौ उपग्रह टीवी चैनल उपलब्ध हैं। 5 करोड़ घरों तक टीवी की पहुंच है। एक घर में कम से कम पांच आदमी मानकर चलें तो टीवी के 25 करोड़ दर्शक तो न्यूनतम हैं। एक आकलन इसे 40 करोड़ मानता है। नब्बे शहरों में एफ़.एम. चैनल चलते हैं। स्वयं रेडियो का आकाशवाणी चैनल हर भाषा में है। सब भाषाओं के समस्त प्रकार के रेडियो टीवी चैनलों को गिना जाए तो वह दो ढाई सौ से ज़्यादा होगी। फ़िल्म उद्योग

सैकड़ों फ़िल्में साल भर में बनाता है। एक आकलन के अनुसार अकेले प्रसार भारती की कुल क़ीमत पचपन हज़ार करोड़ रुपया बताई जाती है जिसमें पचास हज़ार लोग काम करते हैं। निजी चैनलों की कुल क़ीमत भी सैकड़ों हज़ार करोड़ रुपए बैठेगी। आज एक चैनल को चौबीस घंटे चलाने के लिए औसतन साठ करोड़ से सवा सौ करोड़ की लागत आती है। यदि हम उपलब्ध ख़बर तथा मनोरंजन के चैनलों की संख्या सत्तर से सौ के बीच मानें तो हम प्रति चैनल लागत को गुणा करके देख सकते हैं। यह न्यूनतम साठ हज़ार करोड़ से अरबों-खरबों का हो सकता है। फ़िल्म उद्योग तो साठ-सत्तर हज़ार करोड़ रुपए तक का आंका जाता है। संगीत उद्योग, खेल उद्योग, फ़ैशन उद्योग, पारंपरिक मनोरंजन उद्योग की क़ीमत का आकलन अलग से किया जा सकता है। कहने की ज़रूरत नहीं कि यह एक विराट उद्योग है। इसलिए पिछले दिनों सरकार ने फ़िल्म उद्योग को 'उद्योग' का दर्जा दिया है। टीवी इत्यादि तो सूचना मनोरंजन उद्योग की तरह लिए ही जाते हैं। चैनल उद्योग से सन् दो हज़ार में 4580 करोड़ की आय हुई थी। आज यह आय दो गुनी के क़रीब कही जा सकती है।

आधुनिक मनोरंजन उद्योग का इतिहास नया है। यह फ़िल्म उद्योग, रेडियो और टीवी उद्योग के विकास के साथ हुआ है। टीवी के विकास ने मनोरंजन के क्षेत्र को बढ़ाया है। 1959 में शुरु हुआ दूरदर्शन सीमित प्रसारण करता था। 1982 में वह रंगीन हुआ। 1990 में भारत में उपग्रह चैनल आए। शुरू में दूरदर्शन ने हम लोग, बुनियाद जैसे सीरियल दिए। तब सीरियल क्रांति हुई। इससे मनोरंजन उद्योग बढ़ा। निरमा, वीको टरमरिक, लाइफ़बॉय, लिज़्ज़त पापड़, पामोलिव, सिंकारा, चेरी ब्लॉसम आदि विज्ञापनों ने मनोरंजन आय को बढ़ाया। विज्ञापन उद्योग बढ़ा, सीरियल और विज्ञापनों का संबंध बना। इससे पहले मनोरंजन के नाम पर दूरदर्शन में सिर्फ़ फ़िल्में और चित्रहार के गाने आते थे।

वे भी कुछ विज्ञापन दिखाते थे। तब हर बात प्रायोजित नहीं होती थी। तब दूरदर्शन का रेवेन्यु कम था। 1982 के बाद ज्यों ही टीवी रंगीन हुआ, मनोरंजन उद्योग तेज़ी से बढ़ा। आज भारतीय मनोरंजन उद्योग अमेरिका के बाद एक महत्वपूर्ण उद्योग माना जाता है। यद्यपि विज्ञापन आय की दृष्टि से भारत 25वें नंबर पर है। भारत आज ग्लोबल टीवी सर्किट में सबसे बड़ा बाज़ार माना जाता है। कई चैनलों तथा दूरदर्शन, जी टीवी, आस्था, स्टार टीवी आदि चैनलों के फ़ुटप्रिंट्स ग्लोबल देशों में जाते हैं। विदेशी चैनल भारत में आते हैं। महत्वपूर्ण बात यह है कि पहले टीवी फ़्री उपलब्ध होता था अब केबल टीवी के लिए सौ से लेकर ढाई सौ रुपया देना होता है। देश में 70,000 केबल केंद्र हैं जिनमें लाखों लोग काम करते हैं और अब 'डिश' का युग आ रहा है। आज चैनल्स टीआरपी की बात करते हैं। पुराने वक़्त में दर्शक बनाने की चिंता नहीं होती थी।

हम देख सकते हैं कि भारतीय टीवी उद्योग आज विश्व स्तर का है। उसमें लाखों लोग काम करते हैं। उसका रेवेन्यू दस हज़ार करोड़ के आसपास कहा जा सकता है। पहले कुछ दिन माना गया कि टीवी फ़िल्म उद्योग को नुक़सान पहुंचाएगा लेकिन अब टीवी उद्योग और फ़िल्म उद्योग एक-दूसरे का पूरक बन चला है। टीवी की ख़बरें 'इंफ़ोटेनमेंट' युग में आई हैं। फ़िल्मी ख़बरें, नई फ़िल्में, एल्बमों के टीवी प्रोमो, लाइव शो फ़िल्म प्रसारण सब मिलाकर टीवी को फ़िल्म उद्योग का दोस्त बना चुके हैं। इससे दोनों उद्योगों को लाभ मिला है। टीवी समाज का सबसे पॉपुलर माध्यम है। वह घर भर का दोस्त है।

टीवी चैनलों के कार्यक्रम प्रायः मनोरंजन प्रधान होते हैं। अस्सी फ़ीसदी चैनल मनोरंजन चैनल हैं। वे चौबीस घंटे तरह-तरह के कार्यक्रम देते हैं। उदाहरण के लिए आज चैनलों पर मनोरंजन की सभी तरह की सामग्री आती है। फ़िल्म उद्योग में मनोरंजन की दो प्रकार की

सामग्री ही बनती थी। फ़िल्में और गाने। लेकिन टीवी पर सिटकॉम, हॉरर शो, अपराध कथाएं, मिथक कथाएं, पुराण कथाएं, ऐतिहासिक कथाएं, हास्य कार्यक्रम, हास्य धारावाहिक, इतिहास के खोजपूर्ण ड्रामेटाइनेशन, प्रकृति संबंधी सामग्री, नाटक, लाइव परफ़ोर्मेंस, डांस, फ़ैशन शो, होटलिंग एवं पर्यटन संबंधी सामग्री, कॉस्मेटिक, सौंदर्य प्रसाधन, फ़िटनैस, हैल्थ संबंध, सूचना सामग्री, फ़िल्में, एल्बम, रीमिक्स, गाने, ग़ज़लें, स्थानीय भाषाओं की संस्कृति, तमाम तरह के मेले, उत्सव, मनोरंजन के परंपरागत रूप भी आते हैं। खेलकूद स्पर्धाएं, क्विज़, ज्ञान की बातें अलग से। अब तो ख़बरों तक में मनोरंजन सामग्री पर्याप्त मात्रा में होती है।

कहने की ज़रूरत नहीं कि टीवी इसलिए मनोरंजन सामग्री का माध्यम माना जाता है क्योंकि उसमें मनोरंजन के तमाम रूप समाए रहते हैं।

इन दिनों यह एक विराट उद्योग है। यद्यपि यह दुनिया के विकसित देशों के मुक़ाबले काफ़ी पीछे है। मगर उसकी बढ़ती रफ़्तार उसे आने वाले दिनों का सबसे बड़ा उद्योग बना सकती है। उसमें करोड़ों लोग काम करते हैं। आने वाले दिनों में हॉलीवुड बड़े पैमाने पर बॉलीवुड से सहयोग करने वाला है। बॉलीवुड जल्द ग्लोबल मनोरंजन उद्योग का हिस्सा बनेगा। टीवी तो पहले से ही है। रेडियो अपने नए रूप में अब एकदम ग्लोबल हो चला है। अनंत विश्व स्टेशन उपलब्ध हैं। पहले जैसी बाधाएं नहीं हैं। इस सबको समर्थन देने वाला बाज़ार है। टीवी सेट उद्योग, रेडियो, वीडियो, वीसीडी, टेपरिकॉर्डर, टू इन वन, एमपीथ्री प्लेयर, आइपॉड, मोबाइल फ़ोनों में टीवी-रेडियो दोनों की व्यवस्था इंटरनेट, डाउनलोड की सुविधा आदि मनोरंजन सामग्री का प्रसारण करने वाले अनंत सस्ते और अच्छे माध्यम उपलब्ध हैं। आज टू इन वन और मोबाइल तेज़ी से समाज में स्वीकृत हो चले हैं। गांव के

किसान तक अब मोबाइल, ट्रांज़िस्टर, टू इन वन, टीवी सेट रखते हैं।

यह मनोरंजन एवं सूचना साधनों की क्रांति का दौर है। सूचना मनोरंजन उद्योग से मिलकर उसकी पूरक बन रही है। दुनिया के किसी भी विकासशील देश के मुक़ाबले भारत का मनोरंजन उद्योग तेज़तर विकास कर रहा है।

भारत में 'पॉपुलर कल्चर' इसी विराट मनोरंजन उद्योग का परिणाम है। दुनिया के विकसित देशों में भी यही प्रक्रिया चलती है। मनोरंजन उद्योग की जटिल उत्पादन, वितरण की प्रक्रिया को समझे बिना पॉपुलर कल्चर को नहीं समझा जा सकता। जिस तरह मनोरंजन उद्योग के मोटे तौर पर दो स्तर हैं, उसी तरह पॉपुलर कल्चर के हैं: मनोरंजन उद्योग मनोरंजन सामग्री के निर्माण और उससे बड़े लाभ कमाने के चक्र में काम करता है। 'पॉपुलर कल्चर' उस मनोरंजक अनुभव का नाम है जिसे यह जटिल मनोरंजन उद्योग बनाता है। यह 'अनुभव' सब भेदों को मिटाता हुआ सबको एक जैसा अनुभव देकर 'एक जैसी जीवनशैली' देता है। ग्लोबल रुचियों और मानकों का निर्माण करता है। इससे स्थानीय 'सांस्कृतिक विशिष्ट' निजी (पर्सनल) तथा सामाजिक अनुभवों में उपद्रव होता है। इससे हर स्तर पर सांस्कृतिक उथल-पुथल होती है। तनाव, टकराव और समाधानों के प्रयत्न बढ़ते हैं।

आज के सामाजिक सांस्कृतिक बोध और अध्ययन के लिए पॉपुलर कल्चर एक बड़ा और अनिवार्य विषय है।

पॉपुलर साहित्य की पहचान

'पॉपुलर कल्चर' इन दिनों धीरे-धीरे उच्चतर-अध्ययनों का विषय बनता जा रहा है, अमेरिका-यूरोप में तो 'पॉपुलर कल्चर' के अध्ययनों के अनेक संस्थान हैं, भारत में वैसी स्थिति नहीं है। यहां समाजशास्त्रों में इस क्षेत्र में यत्र-तत्र कार्य होने लगा है। उनके विषय फ़िल्में, टीवी और उसके प्रभाव होने लगे हैं। लेकिन समाजशास्त्रों के विभागों में 'सांस्कृतिक अध्ययनों' की नई-नई प्रविधियों का प्रवेश थोड़ा धीमा ही देखा गया है। संस्कृति वहां अभी एक ऐसी प्रक्रिया है जो क्लासीकल रूपों या लोक रूपों के बीच फैली पसरी है। वहां संरचनामूलक अध्ययन यदि होते हैं या प्रभावमूलक अध्ययन होते हैं तो वे संस्कृति की प्रक्रिया को क्लासीकल ऐलीट बौद्धिक कर्म मानकर अध्ययन करते हैं। इस लेखक ने 'रामायण' सीरियल पर लिखा एक अंग्रेज़ी लेखक का अध्ययन पढ़ा और पाया कि सीरियल की संरचना और प्रभाव के बीच की यानी उसके 'अर्थ निर्माण की जटिल क्रियाओं को वह ठीक-ठीक स्पर्श नहीं कर पा रहा है। ऐसा अक्सर होता रहता है। यह एक मामूली उदाहरण है जो संस्थानिक 'सांस्कृतिक अध्ययनों' की सीमाओं को बताता है। यहां 'रामायण' की क्लासिकी के मानी कहीं न कहीं रक्षित किए जाते हैं। यह हमारी उन सांस्कृतिक बहसों का एक विस्तार भर लगता है जिनमें कहीं न कहीं औद्योगिक और उससे पहले की 'क्लासिकल

कल्चर' को ठीक, श्रेष्ठ, मानवीय, विकासशील मानकर चला जाता है।

यदि हम दैनिक पत्रों, टीवी, रेडियो, वीजे, डीजे, सड़कों के किनारे लगे बिलबोर्ड, सड़कों पर दौड़ती चमकदार गाड़ियों, गुड़गांव, नोएडा के ढेर सारे 'मॉल' के छपने वाले चित्रों, अनुभवों और प्रभावों के एक बेहद जटिल गड्डमड्ड में किसी एक सांस्कृतिक रूप को देखना-पढ़ना चाहें तो भारी दिक़्क़त पेश आती है। बहुसूचित या कहें अति-सूचित, अति-छविमय, अति-शोर भरे अति-संगीत, नृत्य और उसकी तेज़ी से मुक्त, वातावरण से अपनी इंद्रियों को क़ाबू में रखकर हम किसी भी एक सांस्कृतिक रूप यथा कविता, कला, नाटक या नृत्य आदि के बारे में सोचना चाहते हैं तो ख़ासी दिक़्क़त, ख़ासी उलझन पेश आती है। यह अति 'हाइपर रीयल' में 'रीयल' को स्थिर करने की तरह है। हवा को मुट्ठी में बांधने की तरह है। उपलब्ध छिटपुट सांस्कृतिक अध्ययनों (जिन्हें सांस्कृतिक प्रक्रियाएं कहना अधिक सटीक है) की एक बन चली अंतरंग समस्या है क्योंकि इस चंचल या 'हाइपर' में ज्यों ही आप एक 'स्वायत्त एकांत' बनाने की कोशिश करते हैं, आप दोहरी परेशानी में फंस जाते हैं। पहली कि आप एक 'असंभव' क्रिया को संभव मानने की ग़लती करते हैं मानो किसी 'दौड़ते हुए क्षण' को आपने उसी गति में 'आइसोलोट' (अलग) करके पकड़ लिया हो। यह भ्रम सत्य लगता है। दूसरे आप जो भी छिटपुट सांस्कृतिक प्रतिक्रिया करते हैं वह भी इसी 'हाइपर' रीयल में गिरती है। यह एक आधुनिक किस्म के विमर्श का एक उत्तर आधुनिक विमर्श और वातावरण के बीच गिरना है। हमारी सांस्कृतिक प्रतिक्रियाओं की एक बड़ी समस्या इसलिए ज्यों की त्यों बनी है—वे अभी तक संस्कृति के रूपों के 'निर्माण' को बुद्धिजीवी कृत मानते हैं जो अपने सांस्कृतिक रूप के 'अर्थ' का नियामक है।

इसलिए ज़्यादातर सांस्कृतिक प्रतिक्रियाओं में परंपरागत मूल्यों, विश्वासों में सांस्कृतिक पतन, और 'अर्थ की अराजकता' की शिकायत

नज़र आती है। यह समाया हुआ डर प्रकट होता रहता है कि अब हमारे सांस्कृतिक उपादानों, रूपों (वही क्लासीकल रूप जिन्हें अमर-शाश्वत आदि माना जाता है) का क्या होगा? क्या उनका मानी बचेगा? इसका कारण दरअसल 'स्थिर' मान लिए गए सांस्कृतिक अर्थ (या अर्थों) के खो जाने का डर होता है। अगर वे काम करने लायक़ नहीं रहे, अगर उन अर्थों को बनाए रखने वाले संस्थान, उन्हें वैद्यता देने वाला वातावरण नहीं रहा तो कैसे चलेगा? कला के किन्हीं भी रूपों पर कोई भी टिप्पणी कोई भी प्रतिक्रिया में इस 'डर' के दबे हुए मानी बराबर पढ़े जा सकते हैं।

उदाहरण के लिए दो पत्रिकाओं के संदर्भ देखें: एक पत्रिका साहित्यिक कही जा सकती है जिसे एक अख़बार समूह निकालता है, दूसरे को दूसरा अख़बार समूह निकालता है। संयोग ही है कि 'पॉपुलर कल्चर' के कुछेक चिह्नों को दोनों ने अपने-अपने ढंग से पढ़ने-समझने की कोशिश की है और लोगों को प्रतिक्रिया देने को विवश किया है। ये प्रतिक्रियाएं 'सांस्कृतिक अध्ययन' के क्षेत्र में आती हैं।

पहले 'अक्षर पर्व' पत्रिका के 2005 के मार्च के अंक संपादक ने धर्मवीर भारती के प्रख्यात उपन्यास 'गुनाहों का देवता' पर 'विशेष खंड' आयोजित किया है।

ललित सुरजन ने लिखा है कि 'पचास साल पहले की युवा मानसिकता व सामाजिक परिदृश्य से आज का माहौल बिल्कुल बदला हुआ है। ऐसे में एक ग़ैर-क्लासिक कृति क्यों पढ़ी जा रही है, यह हमारे लिए एक पहेली है। मैंने अपनी किशोरावस्था में 'गुनाहों का देवता' को न जाने कितनी बार पढ़ा होगा। उसके अंश मुंह ज़ुबानी याद हो गए थे। लेकिन उस आयु से निकलने के बाद मैं भारती जी की कृति को पसंद तो क्या, बर्दाश्त भी नहीं कर पाया– एक तरह से यह परिचर्चा रचना-पाठक के संबंध, लोकप्रिय बनाम शास्त्रीय साहित्य

आदि प्रश्नों की पड़ताल करती है। कहने की ज़रूरत नहीं कि संपादक 'गुनाहों का देवता' की लोकप्रियता पर चकित है। उसने स्वयं बताया है कि वह उपन्यास का कितना बड़ा फ़ैन रहा है लेकिन अचानक वह उसे 'बर्दाश्त से बाहर' समझता है, यह 'पॉपुलर' के प्रति उसकी वही एलीटिस्ट समझ है। संयोगवश 'अक्षरपर्व' का अपना अंदाज़ भी साहित्यिक ज़्यादा रहता है। पॉपुलर परिप्रेक्ष्य कम ही रहता है। हां इस बार क़िताबों के पाठक बनाने के कुछ नुस्ख़े सुझाए गए हैं जो किसी एलीट लिटिल मैगज़ीन के 'प्रस्ताव' की याद दिलाते हैं। ये प्रस्ताव मानकर चलते हैं कि 'किताब' की हालत बहुत ख़राब है—किताबों के पाठक कम होते जाने और उसकी बिक्री न बढ़ने की बात बड़ी आम है। चारों तरफ़ लेखक और पुस्तक प्रेमी निराश दिखते हैं। मैं यह बात मोटे तौर पर हिंदी इलाक़ों के बारे में कह रहा हूं क्योंकि भारतीय भाषाओं में कइयों की हालत हिंदी से बहुत अच्छी है। आज जब चारों तरफ़ उपभोक्तावाद बढ़ रहा है, लोगों के घरों में एक के बाद दूसरा टीवी, स्टीरियो, एक के बाद दूसरा फ़ोन पहुंच रहा है तब किताबें एक से दो क्यों नहीं हो रही हैं? अब तो पढ़ने-लिखने वाले लोग भी बढ़ रहे हैं और उच्च मध्यवर्ग का आकार भी ख़ासा बढ़ गया है। आबादी में अनुपात चाहे ग़रीबों का बढ़ा हो लेकिन किताबों के संभावित ख़रीदार मध्य और उच्च वर्ग में करोड़ों की आबादी की बढ़ोत्तरी हुई है। फिर भी हिंदी साहित्य की आम किताबें शायद ही ग़राली बिक्री का हज़ार का आंकड़ा पार कर पाती हैं, सरसरी नज़र से ये ऑब्ज़र्वेशन 'ठीक' कहे जा सकते हैं। साहित्यिक पुस्तकों के बाज़ार के अभाव को लेकर इसी भाषा में बहुत से लेखक लिखते रहते हैं। इस स्थिति से निपटने के लिए कुछ उपचार भी संपादक मंडल के सुनील कुमार ने सुझाए हैं। मसलन जिस तरह ननी पाल्खीवाला मुंबई में हर बजट पर लाख पचास हज़ार लोगों को संबोधित करते हैं। आशय है कि हिंदी में बजट

वाला यह प्रयोग किया जा सकता है फिर एक पुलिस अफ़सर का उदाहरण है जो तरह-तरह की किताब ख़रीदकर पढ़ते हैं, ऐसे ही अनेक लोग संभव है जो महीने में एक-दो अच्छी किताब पढ़ते होंगे। वे आसपास के लोगों से अनौपचारिक चर्चा रख सकते हैं जिनमें हर हफ़्ते कोई एक व्यक्ति अपनी पढ़ी किताब के बारे में आधे-पौन घंटे बताए और उससे कुछ सवाल जवाब हो जाएं, बाक़ी लोग अपनी राय भी दे दें।

अब लेखक इस कोशिश की कल्पना करता है—सुबह घूमने निकले लोग किसी मैदान या बग़ीचे में बैठ सकते हैं। सभा भवन या छत भी हो सकती है। अपने पढ़े हुए को बांट सकते हैं। जॉगर्स क्लब, मार्निंग क्लब की तरह बुक क्लब क्यों नहीं हो सकते? (सुझाव अच्छा है, 'अच्छी' किताब लें, पढें, उसकी अच्छाइयां बताएं। किसने रोका है? ध्यान दें, रोका है, किसने? उपभोक्तावादी टीवी-स्टीरियो ने!) चर्चा होगी, बिना फ़ीस के किराये भाड़े के सबको ज्ञान मिलेगा! किताबों को लोकप्रिय करने के लिए दूसरा सुझाव यह है कि किताबों से जुड़े लोगों को ज़रा सा वक़्त निकालना होगा। बावन इतवार दर्जनों छुट्टियां। हर चार-पांच दिन में एक गोष्ठी संभव है। आसान। हर्र लगे न फ़िटकरी, रंग चोखा। इस चोखे रंग को स्कूल कॉलेजों तक बढ़ाया जा सकता है। लेखक को पिता की एक आदत याद आ रही है। वे सुबह घूमने के दौरान एक धार्मिक किताब को भी मैदान में कहीं बैठकर पढ़ते थे। उन्हें देखने वालों ने अनुरोध किया वे ज़ोर से पढ़ें तो बाक़ी लोगों का सुनना हो जाएगा। बात मान ली गई। लोग जुटने शुरू हो गए। ऐसी एक प्रथा केरल में है—वहां एक आदमी खेतों में काम करने वालों को अख़बार पढ़कर सुनाता रहता है। इस तरह अगर दस-बीस हज़ार आबादी के बीच अगर हफ़्ते में एक घंटे की पुस्तक चर्चा शुरू हो जाएगी तो देश भर में तस्वीर क्या होगी? दस-बीस हज़ार अतिरिक्त श्रोता-पाठक नसीब हो जाएंगे... आदि इत्यादि... सारे सुझाव देखें—और

पाठक-श्रोता बनाने पर है। तरक़ीब ऐसी है कि इतने 'मोटीवेटेड' पाठक हों जो ज्ञान बांटें और इतने ही उत्सुक पाठक-श्रोता। इस तरह वे क़िताब तक पहुंच जाएंगे। 'किताब' यहां अच्छी हो सकती है, बुरी नहीं। अच्छी कौन सी होगी? जो मानवीय मूल्यों वाली परिवर्तन की प्रेरणा देने वाली हो। सोद्देश्य हो... यह सुझाव बुरा नहीं है मगर जैसा कि हम सब जानते हैं 'असंभव' नहीं है। यह 'रेनेसां कालीन', 'उछाह' को 'पोस्टमॉडर्न' ज़माने में लौटाने का प्रयास है। जब बाज़ार ने, टीवी ने, मीडिया ने रुचियों को ('रुचि' एक नितांत सांस्कृतिक श्रेणी है जो बनी बनाई कभी नहीं होती, जिसका निर्माण सांस्कृतिक उपक्रम, रूप और मीडिया किया करते हैं।) बदल दिया है। ध्यान दें एक भी सुझाव न किताब (यहां हिंदी किताब) के 'श्रेणीकरण' का है कि वह किस पाठक की किस ज़रूरत को पूरा कर सकती है, न पाठक की 'प्रोफ़ाइल' पर एक पंक्ति है कि वह किस आय, आयुवर्ग, किस विशिष्ट सांस्कृतिक क्षेत्र, किन परिस्थितियों में रहने वाला है, उसके पास 'ख़ाली वक़्त' कितना है? ये बातें कहीं नहीं है।

हज़ार पंद्रह सौ शब्दों के संपादकीय टाइप में ज़्यादा नहीं बताया जा सकता यह सही है। उन्होंने जो बताया उससे किसी को ऐतराज़ नहीं, क्योंकि वह एक काल्पनिक नक़्शा है, फ़ैंटेसी है। लेकिन हम किताब को 'लोकप्रिय' करने की कल्पना में निहित उस समझ के बारे में ज़रूर एकाध बात कहना चाहेंगे जो मूलतः 'एलीट' दृष्टि से संचालित है, जो रचना को, रचनाकार को, उसके विशिष्ट पाक को तब्दीली का नायक सा मानती है। कहने की ज़रूरत नहीं कि ऐसी समझ 'पॉपुलर कल्चर' के संदर्भ में 'किताब' को नहीं रख पाती। वह लोगों की 'ज़रूरतों' को ध्यान में नहीं रखती। इसलिए किताबों के प्रति एक अच्छा 'भावोच्छवास' बनकर रह जाती है। शुभकामनाओं से समस्या का पता तो चलता है, उसका उपचार बंद भी हो जाता है। आप 'लिटिल मैगज़ीन'

के 'फ्रेम' में लोकप्रियता की बात उठा बैठते हैं। वह 'एलीट' की 'पॉपुलर मांग' जैसा बुनियादी अंतर्विरोधी है।

लेकिन इस संदर्भ को फ़िलहाल यहीं छोड़ें। हम 'गुनाहों का देवता' वाली परिचर्चा पर आएं। सबसे सूचनाप्रद और साफ़-सुथरा लेख अनिल सिन्हा का है। यह एक उपयोगी सूचना देता है। 1949 में प्रकाशित 'गुनाहों का देवता' के पचास-पचपन साल में छियालीस संस्करण हो गए। लेखक ने एक दिलचस्प सूचना यह भी दी है कि 1990 के बाद तो एक-एक साल में कई-कई संस्करण (यानी रिप्रिंट) छपे हैं। अर्थ यही कि 'किशोरमना पाठकों की वृद्धि'। और यही वह दशक है जिसमें युवाओं की चिंतन प्रक्रिया, विचारों के स्तर, साहित्य संस्कृति के प्रति अगंभीरता, संबंधों के प्रति एक उचाटपन और दैहिक संबंधों के प्रति एक मनमानापन भी पैदा हुआ है। 'राम की ध्वजा' फहराने के साथ-साथ 'राम के आदर्श' भारतीय संस्कृति की लंपटता वाले हिस्से में चले गए हैं। लेखक बताता है कि अब तक के सरल संस्करणों में चालीस हज़ार से ज़्यादा प्रतियां छपी कही जाती हैं (भले अघोषित लाखों में छपी हों) लेकिन यह संख्या भी 'हिंदी समाज के लिए क्या मायने रखती है? इसलिए इसके इतने संस्करण तो हमें चकित नहीं करते हैं, (लेकिन) इस पुस्तक का शिल्प, कथावस्तु, मध्यवर्गीय जीवन का चित्रण आदि हमें सोचने की तरफ़ ले जाते हैं कि वह कौन सा आकर्षक, यथार्थ, सामाजिक स्वरूप, साहित्य के सत्य के प्रतिबिंब होना आदि इसमें है जो हमें इस पर विचार करने के लिए थोड़ी-बहुत उकसाहट पैदा करते हैं।'

यहां 'चालीस हज़ार से ज़्यादा' छपना एक बड़ा अध्ययन योग्य विषय हो सकता है। हो सकता है लेखक उपन्यास के 'शिल्प' पर आने की जल्दी में है। यह उचित ही है। साहित्यिक मानक हमें उसके 'प्रसार' से ज़्यादा उसकी 'रचना प्रक्रिया' और 'यथार्थ' आदि की ओर

ठेलते हैं। सो यह एक साहित्यिक अध्ययन सा बना रह जाता है। यह हमारे प्रस्तावित सांस्कृतिक अध्ययन की व्याप्ति में तो आता है लेकिन प्रकारांतर से यह इतना ही उपयोगी है।

और यहां से 'गुनाहों का देवता' पर एक बेहद सुंदर टिप्पणी शुरू होती है, लेखक ने अपनी किशोर अवस्था में 'ऐसी थी सुधा, ऐसा था चंदर' वाले वाक्यों को उपन्यास के पृष्ठ 32 पर की आख़री पंक्ति में पढ़ा था, लेकिन लेखक ने जब 2004 जुलाई के चौवालीसवें संस्करण की प्रति में पढ़ा तो ये पंक्तियां 32वें पृष्ठ से सिकुड़कर 19वें पृष्ठ पर आ गई हैं, कारण छपाई की बदली तकनीक रहा। सुधा-चंदर का प्यार मादकता, पवित्रता, महानता के बोझ से दबा हुआ है। चाहते हुए भी वे एक-दूसरे को मांग न सके। शायद इसलिए कि सुधा, चंदर से 'महान' बनने का अनुनय भी करती रही। आदेश भी देती रही, इसके लिए वचन भी लेती रही और अपने को कैलाश से विवाह कर नरक में डाल दिया—नरक शायद इसलिए कि कैलाश को केवल शरीर चाहिए था, भावनाओं व प्रेम की निश्छलता आदि का उसके लिए कोई मतलब नहीं था...। चंदर सबका मसीहा बना रहा, उसे वह पा न सकी। लेखक (टिप्पणी लेखक अनिल सिन्हा) भारती के प्रेम ट्रीटमेंट पर टिप्पणी करते हैं कि भारती ने 'प्रेम जैसी सशक्त स्थिति को 'कुंठा' पिछड़े मूल्य व आत्महत्या के उपकरण के रूप में बदल दिया, जबकि जाने-अनजाने वह प्रेम की उन्मुक्तता और सैक्स की ज़रूरत को बिनती के एक कथन से उजागर करते हैं। पर पढ़े-लिखे लोगों, ग्रामीण व शहरी लोगों के प्रेम में अंतर स्थापित कर देते हैं। उपन्यास में गलदश्रु भावुकता पैदा करने की क्षमता है। लेखक इस मर्म तक पहुंचता है। सामाजिक परिस्थितियों का चित्रण यहां ज़्यादा नहीं है। 'प्रेम के वायवीय आदर्श' बनाए गए हैं ताकि 'टीनएजर्स' लड़कियां रात भर उपन्यास पढ़कर 'रो-रोकर सुबह तक जगें और अगले दिन सुधा की सहेलियों

की तरह अपनी सहेलियां ढूंढ़ने की कोशिश करें!' अनिल सिन्हा बताते हैं कि भारती ने किशोरावस्था में बहुत सी 'हल्की किताबें' पढ़ी थीं। उनका प्रभाव उन पर काफ़ी रहा। (यहां हल्की का मतलब वही कुशवाहा या प्रेम वाजपेयी या बांग्ला के प्रेमोपन्यास आदि) संभवतया उपन्यास लिखते वक़्त भारती इस किशोर मानसिकता से मुक्त न हो पाए थे। यह उन्होंने (भारती ने) स्वयं स्वीकार किया। शायद इसलिए किशोरों में यह उपन्यास बहुत 'पॉपुलर' हुआ पर श्रेष्ठता के आधार पर यह बहुत-बहुत पीछे चला गया। लेखक अपने मित्र के हवाले से दो घटनाएं बताता है जो इसकी 'पॉप्यूलैरिटी' साबित करती हैं, 'मित्र की सहकर्मी की एक बहन 'गुनाहों का देवता' पढ़ते-पढ़ते ज़ोर-ज़ोर से रोती थी, बार-बार पढ़ती थी बार-बार रोती थी।' दूसरी घटना सिन्हा के मित्र के प्रशासनिक अधिकारी मित्रों के एक ट्रेनी बैच से जब हिंदी उपन्यासों की पठनीयता को लेकर एक सर्वे के सिलसिले में पूछा गया तो अधिसंख्य ने बताया कि वे 'गुनाहों का देवता' व गुलशन नंदा के उपन्यास पढ़ते हैं। एकदम सुंदर। एक अनुभवमूलक तथ्य। सही उंगली रखी कि यह उपन्यास किशोरियों को ख़ासकर रुलाता है। इसलिए पढ़ा जाता है। यहां से बहस हिंदी क्षेत्रों में प्रेम के दमित जन क्षेत्र एवं निजी क्षेत्र के बारे में, भाव निर्माण की उसकी क्षमता के बारे में, प्रेम की वायवीयता में निहित 'फ़िज़ीकल्टी' की ज़रूरत के बारे में चलनी चाहिए। 'प्रेम प्रसंगों के निर्माण' के गुलशन नंदाई फ़ार्मूलों के सूत्र खोजे जाने चाहिए। हिंदी फ़िल्मों के प्रेम निर्माण के बदलते रूपों-प्रभावों को देखा जाना चाहिए। हिंदी समाज में युवाओं में आज़ाद क्षेत्र के लिए प्रेम (सैक्स) कितना बड़ा मुक्तिकारक, क्रांतिकारी अनुभव होता है, इसे हिंदी क्षेत्रों में होते प्रेमियों के वधों से समझा जा सकता है। हिंदी क्षेत्रों में अब भी एक बड़ा सांस्कृतिक संघर्ष 'प्रेम' और उसके 'खलनायकों' के बीच है। प्रेम परिवर्तनकारी तत्व है। 'गुनाहों का देवता' इसी कारण हि

है और रहना है। जिसे भारती स्वयं 'हल्की किताबों' का प्रभाव मान रहे हैं, वही 'पॉपुलर कल्चर' का तत्व है। उसे तब तक नहीं पढ़ा जा सकता जब तक कि 'पॉपुलर कल्चर' को समझने, पढ़ने के उचित और आवश्यक औज़ार हिंदी समीक्षा में न हों। वे 'सांस्कृतिक अध्ययनों' के नए अध्ययन क्षेत्रों से ही आते हैं। अनिल सिन्हा के अलावा अगली टिप्पणियां दिलीप गुप्ते, कुंदन सिंह परिवार, नंद चतुर्वेदी, रमेश चंद्रशाह, रमेश याज्ञिक, विनय कुमार, त्रिभुवन पांडेय की हैं। यहां इन सब पर विस्तार से चर्चा संभव नहीं है। यहां भी सुधा-चंदर की प्रेमकथा को समझने के साहित्यिक औज़ार सर्वत्र मौजूद हैं जो इस प्रेमकथा की लोकप्रियता के क़ायल हैं लेकिन लगभग सभी टिप्पणीकारों में साहित्यिक मूल्य निर्धारण और लोकप्रियता के प्रति सशर्त प्रसन्नता का इज़हार है।

सब तरह से 'अक्षरपर्व' ('देशबंधु' दैनिक का एक उपक्रम) की यह कोशिश मुदित करती है... यह पॉपुलर कल्चर के अध्ययन की हिंदी समस्याओं को सोदाहरण देती है, संपादक लोग इसके लिए साधुवाद के पात्र हैं। यह लेखक स्वयं इसी कॉलम में पहले हिंदी की कुछ लोकप्रिय कथाकृतियों का ज़िक्र कर चुका है। यदि 'गुनाहों का देवता' की 'लोकप्रियता' को सांस्कृतिक औज़ारों की सहायता मिलती तो परिणाम बेहतर रहते। उसके पाठकों की प्रोफ़ाइल, उसकी फ़ीडबैक उसके प्रभाव को बेहतर बताती। तो भी यह कहा जाना चाहिए कि यह आयोजन हिंदी में 'पॉपुलर कल्चर' की ज़रूरत को रेखांकित करता है।

सफलता और सुख के सूत्र

इसके बरक्स 'दैनिक भास्कर' का मासिक पत्र 'अहा ज़िंदगी' देखें। ख़ासकर उसका जून 2005 अंक देखें, यहां तो मैगज़ीन ही एक पॉपुलर फ़ॉर्मेट में है जिसका प्रसार फ़िलहाल ढाई-तीन लाख बताया जाता है,

इस पत्रिका के (जो 'धर्मयुग' के पुराने साइज़ में नई प्रिंट तकनीक से हर पृष्ठ को कलर किए है) पिछले एक अंक की रहस्यकथा अंक पर कुछ प्रतिक्रियाएं हैं जो 'पॉपुलर कल्चर' की 'सांस्कृतिक प्रतिक्रिया' कही जा सकती है। यहां सुरेंद्र मोहन पाठक नामक रहस्य रोमांच ब्रांड पॉपुलर पेपर बैक उपन्यासों के लेखक के रूप में मशहूर रहे हैं। दो पत्र लेखकों ने सीधे सुरेंद्र मोहन पाठक का पक्ष लिया है और ज़्यादातर पत्र लेखकों के 'पॉपुलर' होने को, सुख देने वाला तत्व लाने की 'अहा ज़िंदगी' को शाबासी दी है। एक पत्र कहता है हमें क़िस्से-कहानियां, कुंठाएं, ऊंची बातें नहीं पढ़नी। हमें पढ़ना है कि ये सब ऊंचे-ऊंचे जीते कैसे हैं। एक ने लिखा है कि 'धर्मयुग' की ग्रंथि से मुक्त रहना। यह 'अहा ज़िंदगी' के 'पॉपुलर निर्माण' का 'फ़ीडबैक' है। प्रसंगवश 'अहा ज़िंदगी' सबसे ज़्यादा बिकते कहे जाने वाले दैनिक की मासिक है जो युवा लोगों की नई जीवन शैली को लक्षित है और जीवन में सुख, और सफलता की कामना करने वालों के लिए उपयोगी सामग्री देती है। यह देखते-देखते 'हिट' हो गई है। यद्यपि 'भास्कर' की प्रसार संख्या को देखते हुए ढाई-तीन लाख कुछ नहीं हैं। यह तथ्य बहुत कुछ कहता है। 'धर्मयुग' पत्रिका अपने उच्चतम बिंदु पर ढाई का आंकड़ा ले पाई थी। इसने छह महीने साल भर में तीन तक छुआ है। मार्केटिंग करें तो बढ़ेगा। यह पॉपुलर साप्ताहिक की नई शुरुआत है। यह 'ब्रेक थ्रू' मीडिया के लिए सांस्कृतिक अध्ययन का रोचक विषय है। लोग कहने लगे हैं कि इससे पत्रिकाओं का ज़माना लौट रहा है।

बहरहाल, हमारा मक़सद 'पॉपुलर' को समझने के लिए एक सांस्कृतिक अध्ययन सैद्धांतिकी की रूपरेखा बनाना है। यह इस विषय के विद्वानों के अलावा (जो अनपवाद ढंग से अमेरिकी-पश्चिमी ही हैं) अपने समाज में दैनिक जीवन में बनते पॉपुलर रूपों, प्रभावों के अध्ययन को शामिल करके ही हो सकता है।

पॉपुलर आइडियाः आज़ादी

'आज़ादी' पॉपुलर कल्चर का एक बड़ा बुनियादी मूल्य है। मनुष्य के विकास की यात्रा प्राकृतिक बंधनों से मुक्ति पाकर सामाजिक-सांस्कृतिक व्यवस्थाओं के निर्माण की ओर यात्रा करती रही है। इन निर्माणों का लक्ष्य भी आज़ादी और आत्मरक्षा रहा है। 'आज़ादी' और 'आत्मरक्षा' पॉपुलर मूल्य हैं। जब मनुष्य कृत व्यवस्थाएं बंधन बनी तो उनके विरोध में भी मनुष्य ने संघर्ष किया। बंधनों से मुक्ति पाई। इस तरह आज़ादी का विकास एक जीवंत मूल्य का विकास है। इसलिए यह पॉपुलर कल्चर की बड़ी 'अंतर्वस्तु' है। आज तो यह 'ग्लोबल मूल्य' है।

भारत को आज़ादी भले 15 अगस्त, 1947 को मिली, मगर आज़ादी का केंद्रीय भाव तो भारत की संस्कृति और साहित्य में अति प्राचीनकाल से रहा है। 15 अगस्त की आज़ादी ने 15 अगस्त को आज़ादी का एक पॉपुलर प्रतीक दिवस बनाया है। ज्यों-ज्यों दिन बीतते जाते हैं, यह दिन एक पॉपुलर उत्सव के दिन में बदलता जाता है।

इसलिए अपनी आज़ादी को, सिर्फ़ इस रूप में नहीं देखना चाहिए कि इस दिन अंग्रेज़ों के आधिपत्य से देश को, जनता को आज़ादी मिल गई बल्कि इस रूप में भी देखना चाहिए कि इस दिन के बाद, दिनोदिन, आज़ादी एक राजनीतिक मूल्य (जनतंत्र, संविधान) के अलावा एक स्थायी जीवंत सामाजिक सांस्कृतिक मूल्य बन गया है। अब पंद्रह

अगस्त छुट्टी का, आनंद का, मौज-मस्ती का दिन भी होता है तथा मध्यवर्ग उसे इसी ढंग से मनाता है। आज़ादी के इस 'पॉपुलर उत्सव को हम आज नए 'कार्निवालीय' मंच या 'मेला भाव' के रूप में अनुभव करते हैं।

विद्वान कभी-कभी पूछा करते हैं; पुराने लोग पूछा करते हैं कि आज के नौजवानों के लिए आज़ादी का मतलब क्या है? आज़ादी क्या बला है?

यह 'फ़िफ़्टींथ अगस्त' क्या है? हर साल फ़िरकी की तरह घूमता हुआ जब पंद्रह अगस्त के दिन की ओर आता है, मन में सवाल उठता है कि यह निगोड़ी आज़ादी क्या मायने रखती है। अक्सर हम आज़ादी को पिछले दशकों की एक अजीबोग़रीब, अबूझ, उलझी हुई, किसी तरह चली आती 'यात्रा' के रूप में देखते हैं। ऐसा करते हुए हम प्रायः रोने-बिसूरने लगते हैं कि हाय! आज़ादी की रात जो सपने देखे थे, वे आज छप्पन-सत्तावन-अठावन साल तक भी पूरे नहीं हुए। हमारी आज़ादी एक बड़ी असफलता है, फ़ेल्योर है। हम एक 'फ़ेल्ड' आज़ादी के बच्चे हैं। सलमान रुश्दी ने 'मिडनाइट चिल्ड्रेन' नामक अपने उपन्यास में इस तरह की विभक्ति को, उसके समूचे उलझाव के साथ कहने की कोशिश की है। हम जो 'आधी रात' के बच्चे हैं, जिनकी उम्र पचास-साठ के बीच है, आज़ादी जितनी है, उनके लिए आज़ादी एक मिथ मात्र है। वह बहुत निजी, खोई-खोई, मिलीमिली है। वह एक महान मिथकीय विचार है जो कभी बना था। लेकिन इस पीढ़ी के बच्चे, उनके बच्चों के बच्चों के लिए आज़ादी क्या है? हर स्कूल में यह सवाल उठता होगा। माता-पिता के मन में भी तब उठता होगा जब उनका छोटा सा बच्चा तिरंगे के बारे में जिज्ञासा करता होगा।

निराशा और आशा से परे भी आज़ादी को एक क्षण की तरह कहा जाना चाहिए। बच्चों के लिए शायद वह टी.वी., एफ़एम चैनल,

टॉफ़ी, चॉकलेट, च्युइंगम है, उनकी ज़िद है, लड़ना-झगड़ना है, कपड़े हैं, जूते हैं, क्रिकेट का खेल है, कंप्यूटर है। हर घर में बच्चा अपने-अपने ढंग से आज़ाद है। कोई ज़माना था जब बच्चे बड़ों के आगे बोलते नहीं थे। अब बोलते हैं बल्कि सबसे ज़्यादा बोलते हैं। इन बच्चों के विराट समूह के लिए आज़ादी नई साइकिल है जिसे वे चलाते-दौड़ाते हैं। उनके लिए आज़ादी कंप्यूटर गेम्स सीडी, डीवीडी प्लेयर है, कार्टून पट्टी है, जंगल बुक है, एक कभी न ख़त्म होने वाली 'भूख' है। वे बहुत छोटी उम्र में बड़े होने लगे हैं। यह आज़ादी का एक संस्करण है। ग़रीब बच्चों के लिए भी आज़ादी है। ग़रीबी से तंग आकर भागने की आज़ादी। तरह-तरह के दंड फंद में फंसने, परेशान होने की आज़ादी है, भूखे मरने की आज़ादी है।

मगर सबमें एक और आज़ादी हैः यह है कुछ न कुछ नया कर गुज़रने की आज़ादी की भावना। आप देख सकते हैं कि मामूली से मामूली बच्चा भी इस वजह से थोड़ी अकड़, हेकड़ी में रहता है। वह दबता नहीं। रिक्शा खींचता है मगर शहरी लड़की को आंख भी मारता है। कहीं कुछ है जिसने 'लेवलिंग' कर दी है, बराबरी का भाव ला दिया है। आज़ादी अंग्रेज़ी बोलना सीखना भी है। आज़ादी 'एम्पावरमेंट' का दूसरा नाम बन गई है। तो भाई, बच्चों की दुनिया में इन दिनों आज़ादी का भाव रूपांतरित हो जाता है। वह बराबरी के अहसास में बदल गया है। इसे हम बच्चियों के प्रति व्यवहार में देख सकते हैं—कन्या भ्रूण को बचाओ, यह अभियान चलते हैं। ऐसा कभी नहीं था। इससे घर में, परिवार में लड़की की महत्ता बढ़ती है। बराबरी देने-लेने का भाव बढ़ता है, भले ही समाज में 'वह' साक्षात पूरी तरह से न मिलती हो। लड़कियों की भ्रूण हत्या से लेकर दहेज हत्या अब भी होती हो, मगर यही वह वक़्त है जब कोई भंवरी बाई हठात खड़ी हो जाती है और आज़ादी के लिए, बराबरी के लिए फ़ाइट शुरू कर

देती है। पचास-साठ साल की आज़ादी ने औरत को कभी भले पूरी आज़ादी न दी हो लेकिन आज़ादी का नया 'स्पेस' दिया है जो भले सीमित है मगर बेहद महत्वपूर्ण है। इन दिनों लड़कियां हर कोर्स पढ़ती हैं। अनेक क्षेत्रों में बहुतायत में होती हैं। यह इसी स्पेस ने संभव किया है। आज़ादी नीचे तक जा रही है।

आज़ादी एक अमूर्त भाव है। यदि इसे देखना हो तो आज़ाद व्यक्ति की 'कामना' के क्षेत्र को टटोलना चाहिए, देखना चाहिए कि वह आख़िर ज़िंदगी से चाहता क्या है? ऊपर से देखेंगे तो आज़ादी उनके लिए एक फ़ोर्ड, मर्सिडीज़, स्पोर्ट्स कार का सपना होगी, एडिडास की टीशर्ट, जूते होगी, किसी मल्टीप्लेक्स में पहले शो की टिकटें होंगी, किसी मॉल्स की 'सेल्स' की ख़रीदारी होगी, अमेरिका, यूरोप, ऑस्ट्रेलिया पढ़ने जाने का वीज़ा लेने की लाइन होगी, डॉलर-यूरो होगी, आईटी उद्योग होगी, बंगलौर होगी, बड़ी पगार होगी, कॉल सेंटर होगी, बीपीओ होगी, पांच सितारा सैर सपाटा होगी और इन सबसे थक-डूबकर जल्दी ही उतर आई थकान होगी जो डॉलर और बड़ी से बड़ी नौकरी के चक्कर में चारों तरफ़ मंडराने लगी होगी। यह आज़ादी उसे पच्चीस-तीस-पैंतीस की उम्र में बुरी तरह ख़र्च कर रही होगी। यह उसकी एक्ज़ीक्यूटिव जीवनशैली में होगी जहां शादी का विचार कम होगा। अकेले रहना, अकेले सोना, होटलों में जीना, होटलों में मरना ज़्यादा होगा। उनके दिलों में एक छोटा सा केलिफ़ोर्निया, न्यूयॉर्क, वाशिंगटन, लॉस एंजिल्स होगा, लंदन, पेरिस होगा।

ढेरों नौजवान हर रोज़ सपने देखते हैं। वे सपनों के टूटने पर बिलखते नहीं, जैसे पुराने लोग बिलखते हैं। वे सपने बदलकर जीने लगते हैं। वे व्यावहारिक हो उठते हैं। यह विवेक आज़ादी का दूसरा नाम है। आज़ादी के पुराने अहसासों में 'प्रेम' बड़ा केंद्रीय तत्व था। प्रेम करो, राष्ट्र बनाओ। प्रेम करो, शादी करो। बच्चे बनाओ। प्रेम

आज़ाद करने वाला फ़ैक्टर माना जाता था। आज़ादी मिलने के बाद की तीसरी पीढ़ी यानी समकालीन युवा पीढ़ी में प्रेम कोई निर्णायक तत्व नहीं रहा है। उसकी जगह 'कैरियर' ने ले ली है। धन कमाने ने ले ली है। प्रेम जहां है, वहां अभी नई पीढ़ी क़स्बाई भावना में रहती है। प्रेम अब उच्च जातियों की चुनौती नहीं रहा। निम्न जातियां मध्यवर्ती जातियों की चुनौती है।

दो फ़िल्में याद करें, दोनों आज़ादी के बाद के युवाओं की चौवन फ़ीसदी आबादी के आज़ादी के क्षेत्र को बनाती है। एक है—आमिर, सैफ़, अक्षय की फ़िल्म 'दिल चाहता है' जो अंग्रेज़ी पढ़े-लिखे, खाते-पीते घरों के तीन नौजवानों की मुख्य समस्या पढ़ाई के बाद की 'ऊब' है, ज़िंदगी के नक़्शे को 'केजुअली' बनाने की चिंता नहीं है। यह एक 'फ़्लोटिंग' यानी 'बहती हुई' ज़िंदगी है जिसे वक़्त की लहरों पर यों ही तैरने डूबने छोड़ दिया गया है। यहां खाने पीने की चिंता नहीं है। नौकरी का अभाव नहीं है। प्रेम की समस्या ज़रूर है जिसे एक के द्वारा 'इल्लत' समझा जाता है। दूसरा विवाहिता से करना चाहता है तीसरा कह नहीं पाता कि प्यार है। बाद में कहानी 'प्यार' के पाने और खो जाने पर ख़त्म होती है। हम कह सकते हैं कि आज़ादी के तुरंत बाद के दिनों का एक बड़ा मूल्य प्यार करने का हक़—अब आज़ादी का मूल्य नहीं रहा। वह उससे गिर गया है। इसे फ़िल्म 'रंग दे बसंती' से मिलाएं। हमें महसूस होगा कि 'रंग दे बसंती' में एक अयारा सी, खोई सी, खाती-पीती शहरी आज़ाद पीढ़ी है जिसकी पाठशाला 'मस्ती की पाठशाला' है जो भगत सिंह, सुखदेव, राजगुरु की भूमिका से अपरिचित है, उनकी भूमिका पर, उनकी क़ुर्बानी की भावना पर हंसते हैं लेकिन उसमें वे अपने लिए अचानक एक भूमिका भी देखने लगते हैं और अब वे आज़ाद ज़माने के भगत सिंह, सुखदेव, राजगुरु बनने चलते हैं तो बंदूक़ हाथ में उठाकर उस भ्रष्टाचार से लड़ने लगते हैं

जो कि आज़ादी से पहले और बाद में पूंजीवाद का आभूषण है। अंततः वे एक कमज़ोर संदेश देकर जान गंवा देते हैं। वे आदर्श देख आदर्श बनने के चक्कर में एक अनादर्श बने रह जाते हैं।

आज़ादी के बारे में युवा क्या फ़ील करते हैं, यह उनके व्यवहार से साफ़ हो जाता है। वे आज़ादी को चौबीस घंटे का भजन नहीं मानते। वह एक बहता हुआ क्षण है जो एक दिन आता है, चला जाता है। आज़ादी एक वातावरण की तरह, एक संविधान की तरह, कुछ बुनियादी अधिकारों की तरह मिली हुई है। इसके लिए वे बार-बार पुरखों को 'थैंक्यू' नहीं करते रहना चाहते। हमें क्या करना है? 'करियर' बनाना है। दुनिया जीतनी है। मौक़ा निकालना है। तो इस पीढ़ी का मिज़ाज आवारा बादल का, बहती-गिरती नदी का और हवा के बहाव का भाव है, वह एक गतिमय पीढ़ी है। वह मोबाइल पीढ़ी है। आज़ादी अब आकर मोबाइल हो गई है। ग्लोबल इंटरनेटी हो गई है, धरती के चप्पे-चप्पे को छान डालने की इच्छा, कमाने की इच्छा आज़ादी का नाम है। इतने दिन बाद आज़ादी का आइडिया, आज़ादी के ही पुराने आइडिया से आज़ाद हो रहा है। आज़ादी एक नया आइडिया है, पुराने आइडिया से ज़्यादा रंगीन, ग्लैमर वाला, गतिमय, सरल, उपभोज्य और क्षणिक। सोचने से ज़्यादा आज़ादी एक जीवन शैली है।

पॉपुलर जनतांत्रिक 'सिविल स्पेस'

मीडिया ने एक नया जनतंत्र पैदा कर दिया है। युवा पीढ़ी इसमें सक्रिय रहती है। यह साइबर-स्पेसी जनतंत्र है। सूचना में, बाइटों में तुरंत बनता जनतंत्र। इन दिनों टीवी पर हर ख़बर चैनल अपने प्राइम टाइम में एसएमएस जनतंत्र बनाकर जनता का वोट लेता है और तुरंत प्रतिशत बताकर जनमत को एक दिशा देता है।

यह हड़बड़ी का जनतंत्र होता है। राजनीतिक वैधानिक जनतंत्र में ऐसी अचानकता नहीं होती। आदमी को महीनों का समय मिलता है। सोचना-विचारना होता है। मन बनाना होता है। हवा बंधती है और फिर बाजाप्ता पूरे दिन पर्ची पर मुहरें लगती है। हमारा समाज इसी क्लासिकल ऐंद्रिक जनतंत्र का आदी है। इसलिए जब टीवी पर कोई एसएमएस पोल बनाया जाता है तो आम आदमी को उसमें ज़्यादा यक़ीन नहीं होता। वह उसे किसी तरह देखता है लेकिन गंभीरता से नहीं लेता। लेकिन युवा वर्ग लेता है, मोबाइल वर्ग लेता है, कोई अचरज नहीं कि एसएमएस जनतंत्र एक प्रकार का मोबाइल जनतंत्र ही है, जो गतिमान है अस्थिर है, जिसके फ़ैसले की उम्र पंद्रह सैकंड है जो सरकारें नहीं बनाता लेकिन जो किसी मामूली बात को, चिह्न को, गाने को, गवैये को, नेता को अचानक पंद्रह सैकंड ब्रांड में बदलकर मार्केट कर डालता है।

एसएमएसी जनतंत्र सिर्फ़ मार्केटिंग का जनतंत्र नहीं है। यहां एक प्रकार की अंतर्क्रियात्मकता भी है लेकिन जिस तरह से वह हमारे चैनलों में पॉपुलर हुआ है, उससे ज़ाहिर है कि बंदों ने उसे भी एक तुरंता खेल बना डाला है। यह टीवी पर कंप्यूटर-वेबसाइटों का प्रभाव है। एक मनोरंजन चैनल पर इन दिनों एक टैलेंट कॉन्टेस्ट चल रहा है, उनमें इंडिया की जनता की वॉयस चुन भी ली गई होगी या कि धीरे-धीरे तरसा-तरसा कर चुनी जाएगी। बहुत से ब्रेक आएंगे और तब कहीं जाकर एक गायक मिलेगा जो एक साल के ठेके पर कुछ गाता मिलेगा। उसे कुछ करोड़ मिलेंगे और वह लाखों नौजवानों का नायक सा बन उठेगा। ये लाखों नौजवान एक सचाई हैं।

यह प्रतिभा खोजी विद्या अमेरिकी आइडल जैसे पुराने कार्यक्रमों से उधार ली गई है लेकिन पिछले वर्षों में एक आइडल जब बना तो ज्ञात हुआ कि आम जनता की जगह उसे एसएमएस संदेशों ने बनाया। कोई चार साढ़े चार करोड़ एसएमएस वोट उसे मिले। वो बन गया। इस प्रतिभाखोजन में कुछ नए तत्व बने। एक था कि आपको न केवल गाना है बल्कि परफ़ॉर्मेंस भी करना है। गाने के अनुसार नाचना-गाना है और यह भी वहीं है जो पहले से हिट है। दूसरा तत्व कि आपको उसकी नक़ल में गाना है। नक़ल ही से काम चलेगा। तीसरा यह कि जो नायक निकले वे छोटी जगहों के निकले। वे किसी रविशंकर जी के या जसराज जी के नाती-पोते नहीं निकले बल्कि किसी होटल में, किसी शादी में, दिनरात सड़क पर गाने वाले निकले। ये अंतिम बात इस सांगीतिक–एसएमएसी जनतंत्र की एक निराली बात थी कि निम्नवर्गीय घरों के बालक-बालिका हीरो-हीरोइन बने।

इन दिनों एसएमएस का ज़ोर काफ़ी बढ़ा क्योंकि जो चैनल उसे संभव करा रहा है उसने बार-बार बताया कि अगर आप 'क' को जिताना चाहते हैं तो करिए एसएमएस, क्योंकि 'ख' उससे दस बारह

फ़ीसदी वोटों से आगे चल रहे हैं। यहां भी ऐसे बच्चे निकलकर आ रहे हैं जो किसी बड़े बाप के बेटे-बेटियां नहीं हैं। हज़ार कमियां हों मगर इस खेल ने निम्नवर्गीय परिवारों की प्रतिभाओं को सामने आने का मौक़ा तो दिया ही है। एक तरह से यह मनोरंजन का जनतंत्र है। मनोरंजन के पायदानों पर बहुत से बड़े नेटवर्क काम करते हैं वहां बिग मनी और बिग हितों का संजाल होता है, जिसमें किसी मामूली आदमी का प्रवेश तक नहीं हो सकता। लेकिन क़स्बे-गांवों में यदि आपको अपना कोई ब्रांड बेचना है तो उसे कोई क़स्बाती मेला-कुचैला सा दिखने वाला लड़का लड़की कर पाएगा। इसके ज़रिए वे नए बाज़ार को विस्तार देते हैं लेकिन इस क्रम में ऐसे लोग अचानक निकल आते हैं जो प्रतिभाशाली हैं लेकिन जो दिखाई नहीं पड़ते। एसएमएस जनतंत्र मनोरंजन का जनतंत्रीकरण सा करता है। हमारे समाज में यह एक नई बात है। इस जनतंत्र में नए लोग ज़्यादा हिस्सेदारी करते हैं। कई बार एसएमएस इतना बड़ा झूठ नहीं पेल सकते। यदि इस पर सच्चा आंकड़ा भी दिया जाए तो इस साइबर जनतंत्र को समझने में आसानी होगी।

ख़बरों में बड़ी ख़बर की परतें खोलते हुए उनके पक्ष-विपक्ष को आमने-सामने रखते हुए भी एक साइबर जनतंत्र बना है, जो विपरीत विचारों को सहने-सहाने की एक नई जगह बनाता है। उसमें भी एसएमएस होता है, जो भले बड़ा पोल न होता हो और इसमें वे भी भाग लेते हैं जिनके पास मोबाइल होता है। यहां के दस-बारह करोड़ मोबाइली लोगों का जनतंत्र भी एक जनतंत्र है जो उपेक्षणीय नहीं कहा जा सकता। इसी तरह खेलों में तुरंता जनतंत्र बनाया जाता है। तीखी अंतर्क्रियात्मकता कई बार हाथ से बाहर निकल जाती है कि मेनेज नहीं हो पाती। लोग भड़क जाते हैं लेकिन फिर भी एक सहनशीलता आती है। जेसिका लाल हत्याकांड में जब सबको शर्मसार करते सारे

आरोपित बिना सबूत के लाभ में छूट गए तो एक चैनल की अंतरात्मा कसमसाई। पेज थ्री की त्रासद दयनीयता के प्रति हमदर्दी हुई और उसने ख़बरों में टाइटल देकर लोगों से कहना शुरू किया कि जेसिका लाल के परिजनों को न्याय मिले इसके लिए एसएमएस कीजिए। आनन-फ़ानन में हज़ारों लोगों ने प्रतिक्रियाएं भेजीं और दबाव इतना बना कि पुलिस को रिपोर्ट देने का आदेश अदालत ने स्वतः संज्ञान लेते हुए दिया। अन्याय के ख़िलाफ़ ऐसे एसएमएस जनतंत्र बड़े कारगर हैं। इन्हें होते रहना चाहिए। जब जनतंत्र हर ओर से छीज रहा हो तब साइबरी जनतंत्र एक सहारा तो बनता है। कभी-कभी उसका असर भी होता है। इतना क्या कम है? एक सिविल सोसाइटी की पुकार इस प्रक्रिया में सुनाई पड़ती है तो अच्छी बात है।

यह एक विराट आज़ाद पॉपुलर 'सिविल स्पेस' है जो मीडिया में, टीवी में और मोबाइल की दुनिया में बनता है। इस स्पेस में जनतंत्र का विस्तार हुआ है। मोबाइल एक नई चमत्कारी 'वोटिंग मशीन' में बदल गया है। इससे हर स्तर पर मत विविधता और जनमत संग्रह का वातावरण बनता है।

समाज में निचले स्तर तक पंचायतें, यूनियनें, कमेटियां काम करती हैं। यह सच है कि इन जनतांत्रिक प्रक्रियाओं को स्तरीय संस्कार तथा जाति, धर्म, रिश्ते-नाते के दबाव पूरी तरह विकसित नहीं होने देते तो भी अभिव्यक्ति की बढ़ती ज़रूरतों, नए खुलते जनतांत्रिक सिविल स्पेस और साइबर स्पेस (टीवी, इंटरनेट, मोबाइल इत्यादि) ने एक नया पॉपुलर कल्चरल जगत बनाया है।

उत्तर आधुनिक भाव-बोधः पॉपुलर कल्चर

एक नज़र से देखें तो कल्चर आधुनिकतावाद और पॉप कल्चर एक दूसरे से मिले-जुले खड़े हैं, अमेरिकी सांस्कृतिक समीक्षक सुजान सौंटाग ने 1966 में अपनी कृति 'अगेंस्ट इंटरप्रेटेशंस' में संभवतः सबसे पहले लिखा कि हम एक नए भाव बोध के समय (उत्तर आधुनिक भावबोध) में आ गए हैंः 'नए भावबोध का सबसे महत्वपूर्ण परिणाम एक प्रकार का नया भावबोध है जिसमें 'उच्च' संस्कृति और निम्न संस्कृति का भेद निरर्थक होता जाता है'– (जॉन स्टोरी का लेखः पोस्ट मॉडर्निज़्म एंड पॉपुलर कल्चर, पेज 147 पर उद्धृत रूटलेज कंपेनियन टू पोस्ट मॉडर्निज़्म, संपादक स्टुआर्ट सिम)। पॉपुलर कल्चर में 'उच्च' और 'निम्न' का अभेद रहता है। 'जन समाज' बनेंगे तो 'जन संस्कृति' बनेगी और इस तरह आधुनिकतावादी चरण के 'उच्चतम' कलामानक व्यर्थ होकर निम्न यानी सामान्य मानकों–जो अंततः और प्रथमतः 'मांग और पूर्ति' की तरह से संचालित होते हैं, में मिक्स हो जाएंगे। मसलन एम.एफ़. हुसैन फ़िल्म बनाने लगेंगे। न्यूज़ में रहने को आतुर होंगे। पॉपुलर छवि के सहारे 'कला' करेंगे। इन दिनों मुंबई, दिल्ली, कोलकाता, मद्रास, बंगलौर ही नहीं दूसरे दर्ज़े के महानगरों में भी हमें 'उच्च' कलावंतों और निम्न कला अनुरोधों कि हमें ऑडियंस चाहिए, रिकॉर्ड एल्बम बनने चाहिए, 'हम' बिकने चाहिए–का मिक्स दिखता है। एक शुभा मुद्‌गल ही एल्बम

नहीं बनाती हैं। सब इसी 'मिक्स' में रहना चाहते हैं। इन दिनों कलाकार (उच्च कलाकार) सबसे पहले 'निम्न' बाज़ार पर नज़र रखता है। यह दृश्य बहुत उपलब्ध, बीहड़ और स्वयं पॉपुलर है।

अजीब बात लगेगी अगर हम कहें कि उत्तर भारत में ख़ासकर हिंदी संस्कृति में उच्च और निम्न का वैसा सुदृढ़ भेद कभी नहीं दिखा जैसा कि यूरोप आदि में कल तक दिखता था। कलात्मकता और लोकप्रियता हमेशा ही मित्र स्थिति के पद बने रहे। भरत का नाट्यशास्त्र तो इसी अन्योन्यता का पहला ग्रंथ रहा। इस क्रम को हम देख सकते हैं और साहित्य संस्कृति के इतिहास से पर्याप्त पोषक उदाहरण दिए जा सकते हैं।

तब भी यदि कुछ कहते हैं कि आप संस्कृति पर उत्तर आधुनिक पदावली लागू करके 'पश्चिम पश्चिम' कर रहे हैं तो उन्हें क्या कहा जाए? सांस्कृतिक बोध की पदावली स्थानीय होते हुए भी ग्लोबल ही होती है और ऐसा कुछ भी ग्लोबल नहीं होता जो स्थानीयता लिए न आए। ऐसे में यदि उत्तर आधुनिकता ही अपनी पॉपुलर कल्चर और उसकी प्रक्रिया को समझने में मदद करती है, उसकी भूमिका को रचती है, उसके उपयोगिता मूल्य को स्पष्ट करती है तो हमें उसे समझना चाहिए। इस क्रम में उत्तर आधुनिक विमर्शों में 'पॉपुलर कल्चर' के विचार को देखना अप्रासंगिक नहीं है।

याद करें, उत्तर आधुनिक चिंतक फ़्रांसुआ ल्योतार ने जब महावृत्तांतों के बारे में अपने 'संदेह' जताए और उत्तर आधुनिक ज्ञानावस्थाओं की चर्चा की तो वे नई ज्ञानावस्था व भावबोध में 'महानता' के होने पर 'संदेह' करते हैं। यह 'बुद्धिजीवी' के प्रतिरोधात्मक नकारात्मक हीरोइज़्म पर ही संदेह करना है। इन दिनों हिंदी के बुद्धिजीवियों कलावंतों की कुल स्थिति 'विश्वसनीय' न होकर संदिग्ध ही है जो स्वयं एक उत्तर आधुनिक स्थिति है। भले बुद्धिजीवी स्वयं को उत्तर आधुनिक

न मानें, लेकिन उनकी भूमिका का पतन उन्हें उत्तर आधुनिक 'पतनाले' में फेंक ही देता है। यूरोप और अमेरिका आदि समाजों में बुद्धिजीवी के 'नायकत्व' के ऐसे ही पतन पर टिप्पणी करते हुए इयान चैंबर्स ने 'पॉपुलर कल्चर' (1988) में लिखा कि उत्तर आधुनिकता पर होने वाली बहस, अंशतः 'पॉपुलर कल्चर' की 'उपद्रवी घुसपैठ' का ही लक्षण है। यह 'घुसपैठ' दरअसल पूर्वकालिक विशेषाधिकृत उच्च कला क्षेत्रों में हुई है। ज्ञान और सांस्कृतिक वितरण के नए पॉपुलर नेटवर्क के सामने कल तक की सिद्धांतिकियां लड़खड़ा रही है। स्थिति की व्याख्या करने समझने की बुद्धिजीवी की भूमिका तक ख़तरे में है। (उद्धृत, वही पेज 148-149)

हिंदी में बाज़ार, भूमंडलीकरण, उत्तर आधुनिकता को लेकर लगभग प्रकट प्रतिक्रियाएं इसी 'ख़तरे' को बनाती हैं। तेज़ बदल रहे जगत को हमारे उपलब्ध बुद्धिजीवी समझ-समझा नहीं पा रहे। ढेर सारी प्रतिक्रियाएं 'खिसियाने' की मुद्रा भर नज़र आती हैं। ऐसा ही पश्चिम में यत्र-तत्र दिखने में आता है और यहीं एक अजीब बात पैदा होती है।

पॉपुलर कल्चर में, जैसा कि एंजेला मैकरोबी ने 'पोस्ट मॉडर्निज़्म एंड पॉपुलर कल्चर' में कहा है कि पॉपुलर कल्चर, उत्तर आधुनिक स्थितियों में, उन आवाज़ों का कलरव है, जिन्हें आधुनिकतावादी महा वृत्तातों में दबा, दफ़ना दिया था, जो मूलतः साम्राज्यवादी और पितृ सत्तात्मक थे। (वही, पेज 149)

आधुनिकतावादी अपनी मुक्ति के लिए 'एक जनता' की बात ज़रूर करते रहे लेकिन जनता की ज़रूरत के लिए कला संस्कृति और उनके माध्यम जब सर्वसुलभ होने की स्थिति में आए तब वही इसे 'पतन' कहने लगे। जनता को सांस्कृतिक प्रारूप अधिक उपलब्ध हों यही तो संकल्प था, और जब यह तकनीक बाज़ार और माध्यमों से संभव हो

रही है तो यह परेशानी का विषय है! संस्कृति में आधुनिकता और उत्तर आधुनिक दबावों का द्वंद्व अपने बुद्धिजीवियों को बेकार कर रहा है। स्टुआर्ट सिम साफ़ कहते हैं कि वर्चस्वकारी महावृत्तांताओं में दबे स्थानीयतावादी लिंगवादी, धार्मिक, वर्गीय, भौतिक विमर्श हाशियों की जगहों से उठ रहे हैं। एक दूसरे को काटते हुए ये विमर्श कुछ भी साबुत नहीं छोड़ते। यह उपद्रव उत्तर आधुनिक है। जो पॉपुलर कल्चर के क्षेत्र में सार्वजनिक दृष्टव्य है। इसे देख कोबेना मर्कर ने 'वैलकम टू जंगल' नामक अपने ग्रंथ में (1994 में) कहा कि अफ़्रीका कैरीबियाई और एशियाई जनों की नई आवाज़ें, व्यवहार, और अस्मिताएं जो उत्तर-साम्राजी ब्रिटेन के हाशियों से उभरकर आ रही हैं और 'निश्चित', 'सहमतिमूलक', 'सत्यों' को उपद्रवग्रस्त कर रही हैं और इस तरह बोध के नए मार्गों को खोल रही हैं (वही, पृष्ठ 149)। इस नई 'भिन्नता' और 'विविधता' के उभार को ब्रिटेन के संदर्भ में भिखु पारिख ने 'मल्टी कल्चरलिज़्म' के रूप में देखा और नए क़िस्म के जनतंत्र को रेखांकित किया। 'रिथिंकिंग मल्टी कल्चरलिज़्म' (2000) में भिखु पारिख 'प्रकारांतर से इस नए सांस्कृतिक संवाद या विमर्श की ही बात करते हैं। उत्तर आधुनिकता में केंद्रवाद के बरक्स विकेंद्रण पर ज़ोर दरअसल इन्हीं लोकप्रिय केंद्रीय से परे विमर्शों का दूसरा नाम है। और चूंकि केंद्रवादी विमर्श अभी भी अपने केंद्रवाद से चिपके रहना चाहते हैं इसलिए वे नए हाशिए वाले विमर्शों को हतोत्साहित किया करते हैं। आश्चर्य है कि वे 'विभिन्नता' को मानते हैं लेकिन विभिन्नता को उनके आत्मरूप में प्रकट नहीं होने देना चाहते।

यदि हम ज्यां बौद्रीआ के 'साइमलक्रा एंड साइमूलेशंस' ग्रंथ को याद करें तो हमें उत्तर आधुनिक पदावली में 'हाइपर रीयल' पद मिलता है जो 'पॉपुलर कल्चर' के विमर्शों से उनके यहां पहुंचा है। स्वयं 'साइमूलेशंस' या प्रपंच 'छाया' न केवल 'प्रतिबिंब', 'छलना' का अर्थ

देता है जो आज की उपभोक्ता संस्कृति से जुड़े उपादान बनाते हैं, बल्कि बौद्रीआ इस 'प्रपंच' को अति चंचल, अति आघाती, अति दुहराव वाला यानी 'हाइपर' मानते हैं। 'हाइपर' दिखना यानी ऐसा यथार्थ या सच जो अस्थिर चंचल, तरल और आवेगमय हो। इसे हम टीवी के 'प्रपंच' से समझ सकते हैं और तमाम सांस्कृतिक उपक्रमों के टीवीमय हो जाने के संदर्भ में पढ़ सकते हैं।

बौद्रीआ के यहां 'उपभोक्ता संस्कृति' में पॉपुलर कलचर के चिन्ह अपना उत्तर आधुनिक संस्कार पा लेते हैं। 'उच्चकला' और 'निम्न' का भेद यहां किस तरह मिटता है और किस तरह निरंतर अतृप्ति उपभोग के बावजूद रहती है और किस तरह यह तृप्ति और अतृप्ति की निरंतरता एक विराट हाइपर-रीयल को बनाती रहती है हम इसे 'पॉपुलर कल्चर' के रूपों में देख सकते हैं। वे कहते हैं कि उपभोक्ता संस्कृति में 'वस्तु' और उसके 'प्रतिनिधान' के बीच का फ़र्क ख़त्म हो जाता है। अंतर्वस्तु और रूप-शैली का फ़र्क़ मिटता जाता है—यथार्थ की जगह उसकी अनंत प्रतिच्छबियां, प्रतिच्छायाएं ले लेती हैं, वे अपने से बाहर किसी संदर्भ को रहने नहीं देती, वे अपने आप में एक यथार्थ होती हैं। यह उपक्रम को 'सच' ही नहीं बनाता, यह यथार्थ से अपने समानता-संबंध या तुलना-संबंधों को भी मना करता है। यह जगत 'आत्म संदर्भित' जगत होता है। यह 'प्रपंच' का जगत होता है। (ज्यां बौद्रीआ, सलेक्टेड राइटिंग, संपादक मार्क पोस्टर, पेज 5-6)

यह 'प्रपंच', यह साइमूलेशंस, अपने संदर्भ की प्रपंची निरंतरता में प्रायः यथार्थ से भी ज़्यादा सच नज़र आते हैं। ये पॉपुलर कल्चर में लगातार बनते हैं, 'यथार्थ' से बेहतर नज़र आते हैं, यही 'हाइपर रीयलिज़्म' की विशेषता है। जो इन दिनों हर तरफ़ व्याप्त नज़र आता है। लोग टीवी देखकर सोप ऑपेरा या रीयलिटी शोज़ देखकर उनमें बनाए गए चरित्रों के 'फ़ैन' बनकर पत्र लिखते हैं, उनसे हमदर्दी रखते

हैं जबकि वे यथार्थ में नहीं होते। वे उनसे मिलना चाहते हैं। इन दिनों शादियों में लोग 'डोनाल्ड डक' को बुलाते हैं, उससे हाथ मिलाते हैं। ऐसे अनेक चरित्र जीवन में और जीवन उनमें घुस जाता है जबकि वे 'यथार्थ' नहीं होते। बौद्रीआ इस स्थिति को जीवन में टीवी का खपना और टीवी में जीवन का खपना कहते हैं। इसे हम भक्तों में उनके 'उन्माद' में देखते हैं। उन्माद में भगवान और भक्त के बीच का रिश्ता समाप्त हो जाता है। पॉपुलर कल्चर, और उसके माध्यम भी यथार्थ और प्रतिनिधान यानी प्रतिबिंब के बीच ऐसा ही 'अभेद' पैदा करते हैं। पॉपुलर कल्चर इस अभेद को स्थापित करती है।

इस क्रम में 'पॉपुलर कल्चर' के विमर्शकार जॉन फ़िस्के ने अपनी पुस्तक 'मीडिया मैटर्स' (1994) में कहा है कि पोस्ट मॉडर्न मीडिया यथार्थ को दोयम प्रतिनिधान नहीं देता बल्कि उस यथार्थ को बनाता है। जिसका वह प्रतिनिधान करता है। जो भी घटनाएं होती हैं वे 'मीडिया में' घटित होती हैं। अमेरिका में खिलाड़ी ओजे सिंपसन की गिरफ़्तारी इस 'पॉपुलर कल्चर' और 'हाइपर रीयल' का अन्यतम उदाहरण है। जॉन फ़िस्के बताते हैं कि किस तरह 'स्थानीय लोग जो अपने घरों में टीवी पर किसी 'चेज़' को देख रहे थे वे सब ओजे सिंपसन के घर की ओर चल पड़े। वे अपने साथ अपने पोर्टेबल टीवी सैट ले गए। वे सारी घटना को (सिंपसन की गिरफ़्तारी और मुक़द्दमे को, उसके द्वारा किए गए क़त्ल की पुनर्रचना को) 'जीवित' (लाइव) देखना चाहते थे लेकिन जानते थे कि टीवी पर उनका प्रसारण उस घटना का पूरक है, अपने आप को टीवी पर घटना को देखता देखकर, वे अपने आपको ही हाथ हिलाते थे। पोस्टमॉडर्न मनुष्य को एक साथ एक ही क्षण 'लाइव पीपल' और 'मीडिया पीपल' बनने में कोई दिक़्क़त नहीं होती। वे जानते थे कि मीडिया ख़बर 'देता' नहीं है, उसका निर्माण करता है, इसलिए सिंपसन की ख़बर का हिस्सा बनने के लिए सिर्फ़

'ऑन द स्पॉट होना ही काफ़ी नहीं था। उसे टीवी में भी दिखना ज़रूरी था। पूरा मुकद्दमा भी इसी तरह 'दिखा'। मुक़द्दमा उतना कोर्ट, के लिए नहीं बनाया गया जितना टीवी के लिए बनाया गया था!

अपने टीवी चैनलों पर कैमरे के फ्रेम के भीतर झांकने वाले लोगों को याद करें। वे क्यों टीवी में दिखना-होना चाहते हैं? पॉपुलर होने के लिए लोग उन्हें जाने-देखें: इससे उनका 'पावर' बढ़ता है। अनेक घटनाएं कुछ इस तरह की जाने लगी हैं कि वे पॉपुलर होने के लिए उचित उपयुक्त छवि दे सकें, रूप दे सकें; हमारे समाज में इन दिनों ऐसी घटनाएं होती हैं जो जितनी जीवन के लिए होती है, उतनी या कभी-कभी उससे ज़्यादा टीवी की ख़ातिर की जाती हैं: कोई मीनार पर चढ़ जाता है, कोई नेता डिज़ाइनर सूट में रहता है, कोई टीवी के लिए, सजग होकर बैठता है। सब पॉपुलर होने-दिखने के लिए।

इस तरह, 'पॉपुलर कल्चर' इस बिंदु, पर आकर 'आत्मोपभोग' बन जाता है। आप अपने से बाहर 'पॉपुलर' नहीं पाते, अपने में ही उसे पाते हैं। प्रपंच में जाना, जाने की बढ़ती ललक, स्वयं को सहज यथार्थ से काटकर बनाए यथार्थ में होना, अति चंचल यथार्थ में ख़ुद को हिस्सेदार बना लेना नितांत नया सांस्कृतिक अनुभव एवं बोध है। इसे पोस्टमॉडर्न भाव बोध कहा जा सकता है। यह तो एक उदाहरण है जो यहां इसलिए दिया गया है कि टीवी संदर्भ सुलभ है। उत्तर आधुनिक भावबोध के पॉपुलर कल्चर में 'खप' जाने के अनेक प्रसंग बनाए जा सकते हैं।

पॉप कल्चरः
जेनरेशन एक्स, डीजे और मिक्स

डी.ए.वी. कॉलेज के छात्रों ने एक डीजे के लिए कॉलेज में हड़ताल की। वे डीजे की मांग करते रहे। 'डीजे' यानी अपने ढंग का रॉक शो। दिल्ली विश्वविद्यालय के कॉलेज दर कॉलेज होने वाला रॉक शो, डांस शो, डी.ए.वी. कॉलेज जो मूलतः आर्यसमाजियों के कॉलेज होते हैं, उनके छात्र यदि 'डीजे' की मांग करते हैं तो यह एक सांस्कृतिक प्रति-वक्तव्य की तरह नज़र आना चाहिए।

डी.ए.वी. को छोड़िए, कॉलेज दर कॉलेज हमारे समाज की 'जेनरेशन एक्स' यानी नई 'आवाम पीढ़ी' इन दिनों एक ग्लोबल नाच गाने में, जीवन शैली में, उपयोग में रहती है या रहना चाहती है। ऐसे उदाहरण दिन-रात बनते रहते हैं जिनमें, यह 25 साल तक की युवा पीढ़ी जो देश की आबादी का चौवन फ़ीसदी के क़रीब बैठती है, शामिल होना चाहती है। इसके लिए वह किसी भी हद तक जा सकती है और यह प्रवृत्ति क़स्बे-क़स्बे, कॉलेज-कॉलेज या कहें स्कूलों तक जा पहुंची है। इस पीढ़ी के सांस्कृतिक उपादानों (यानी हज़ार दो हज़ार वाट का संगीत, डीजे द्वारा संयोजित गाने, समूह दर्शकों, युवाओं द्वारा कॉपी की गई कोरियोग्राफ़ी, किसी फ़िल्मी गाने के सीन जैसे सीन बनाना,

पंजाब पॉप भांगड़ा से लेकर ब्रायन एडम्स के समर ऑफ़ सिक्स्टी फ़ाइव तक आना, वीवा की लड़कियों जैसा एल्बमी होना, हम सबके लिए स्पॉन्सर (कोक या पेप्सी) का चुनना आदि-आदि।) में बहुत मौलिकता नहीं होती। वे नक़ल की नक़ल होते हैं अंततः वे टीवी या फ़िल्म के किसी दृश्य की नक़ल होते हैं लेकिन वे ही पर्याप्त होते हैं। प्रश्न उठता है, कि इस विराट पॉपुलर कल्चर (फ़िल्मी गाने, दृश्य, टीवी दृश्य, टीवी चरित्र आदि किसी हिट विज्ञापन की नक़ल आदि) की नक़ल करते हुए क्या 'जेनरेशन एक्स' अपना कोई मानी बना पाती है? क्या वह 'कांटा लगा' या 'हो गई है बल्ले बल्ले' या 'तेरे इश्क़ की दीवानगी' या पुराने गाने 'दम दमा दम दम', 'मेरी बेरी के बेर मत तोड़ो...' आदि के सीनों को स्टेज पर चरित्रार्थ करने के रूपंकर प्रयत्न 'जेनरेशन एक्स' को कोई ऐसा कथारूप या कलात्मक औज़ार देते हैं जिससे वह अपने को अभिव्यक्त करते हैं? प्रश्न यह भी है कि क्या 'जेनरेशन एक्स' स्वयं को व्यक्त करती है या कि सिर्फ़ 'उपभोग' करती है। प्रश्न यह भी है कि चौवन फ़ीसदी युवा जन क्या सिर्फ़ यही करते हैं। या कि वे अपने को व्यंग्य करते हुए अपने मानी बनाते हैं?

पॉपुलर कल्चर के 'विद्वेषी' जो प्रायः उम्र दराज़ पीढ़ी के लोग होते हैं, प्रतिक्रियावादी विचारों के होते हैं, इस सब को पश्चिमी संस्कृति का हमला मानते हैं, बच्चों को तेज़ी से 'बिगाड़ना' मानते हैं। यह अखिल भारतीय विराट सांस्कृतिक टकराव है जो गली-गली घर-घर होता है। यह टकराव बताता है कि हमारी 'जेनरेशन एक्स' एक ग्लोबल विश्वव्यापी सांस्कृतिक प्रक्रिया का हिस्सा बनना ज़रूरी समझती है। इस पर परम स्वदेशीवादी प्रतिक्रियाएं नज़र आती हैं। हम देखते हैं कि ये प्रतिक्रियाएं धीरे-धीरे हार जाती हैं। जेनरेशन 'एक्स' अपनी संस्कृति 'प्राप्त' कर ही लेता है। यह फ़िल्मी टीवी की पॉपुलर संस्कृति है।

यह कहना कि इसमें बौद्धिकता नहीं, विचार नहीं, बदलाव की इच्छा नहीं, ग़लत ही होगा। हमारे जैसे समाज में यह 'पॉपुलर कल्चर' पुराण पंथ की जकड़बंदी, पारिवारिक, कुल जाति की बंधनधारी हदों को तोड़कर कुछ और हो जाना चाहती हैं। यह 'कुछ और' और कुछ नहीं 'पॉपुलर' है अपने को 'पाना' और 'बनाना' है। यह एक ज़बर्दस्त प्रक्रिया है और हर तरफ़ है। यहां तक कि क़स्बों गावों तक में है। यह नए स्पेस बनाती है। आज़ादी के नए स्पेस बनाती है, इस नए स्पेस को समझने की किसी में ताब नहीं है। चौवन फ़ीसदी लोग जो 25 साल से कम उम्र के हैं, एक बड़ा पॉपुलर जनक्षेत्र बनाते हैं। यह जेनरेशन एक्स है। इससे पहले कि हम इसके पॉपुलर उद्यमों को देखें और बात करें हमें 'जेनरेशन एक्स' के नामकरण के मर्म को ज़रूर समझ लेना चाहिए। 'जेनरेशन एक्स' 1991 के आसपास चलन में आया। डग्लस कोपलैंड नामक एक अमेरिकी लेखक से एक प्रकाशक द्वारा मांग की गई कि वह नब्बे के दशक में अमेरिका की बीस साल तक की किशोर पीढ़ी की व्याख्या करे। एक अध्ययन प्रस्तुत करे। डगलस कोपलैंड ने इस नई पीढ़ी के जीवन का अध्ययन एक उपन्यास के ज़रिए किया। उपन्यास का नाम ही रखा 'जेनरेशन एक्स' इसमें 1990 के दौर में केलीफ़ोर्नियाई युवकों की जीवनशैली और भाषा इत्यादि का बड़ा प्रामाणिक परिचय दिया गया था। यह युवा, खाते पीते, शिक्षित, रोज़गार याफ़्ता, बेबीबूमर्स के बाद की नई पीढ़ी रही जो 1980 की पूंजीवादी औद्योगिक विचारधारा को पसंद नहीं करती थी। लेकिन इसके पास कोई अपनी मुकम्मिल विचारधारा भी नहीं थी।

यही एक प्रकार के उत्तर आधुनिक सतहीपन की पीढ़ी कहलाई, इसके चरित्र टीवी चैनलों में रहते। उनके अति सतही कार्यक्रमों के ज्ञान को एक-दूसरे के सामने बघार कर स्पर्धा करते। जब वे साथ होते तो यही सब करते। कम पैसा, कमतर स्वाभिमान, भविष्यहीनता

आदि से निर्मित ये युवा 'मैकजॉब' वाले कहलाते। किसी रेस्त्रां में, मैकडॉनल्ड टाइप में कुछ छोटा-मोटा काम करते, कुछ ख़र्चा निकालते युवा। ये ख़ासे सूचना-रहित होते, या कहें कुसूचित होते, अर्धज्ञानी होते। धार्मिक-दार्शनिक परंपराओं के प्रति एकदम अज्ञानी होते। ये 'मैं-वाद' (मी इज़्म) वाले होते। इससे पहले की पीढ़ी प्रामाणिक अनुभव, असत्य अनुभव प्रकृत अनुभवों को महत्व देती थीं। इससे पूछा जाता कि मौलिक, असली अनुभव की बात करो तो वे कहतेः जो वे कर रहे हैं वही तो सत्य है।

इस 'जेनरेशन एक्स' को ज़रा अपने यहां की 'जेनरेशन एक्स' से मिलाइए। वह बहुत कुछ उक्त अमेरिकी जेनरेशन एक्स से मिलती-जुलती दिखती है। वह पॉपुलर कल्चर से बनी, उसी में रहने वाली बनी, उसी को खाने और बनाने वाली पीढ़ी है। संयोगवश, यह एक विराट पीढ़ी है। इसका बचपन टीवी के सामने गुज़रा है। जिसमें 'असल' लता मंगेशकर, रफ़ी, मुकेश, किशोर की जगह उनकी नक़ल ही रही है, वह टीवी एल्बमों में 'मिक्स' में रही है। यही गीत, संगीत, नृत्य उसके सांस्कृतिक रोल मॉडल है; उसे जब भी कोई सांस्कृतिक उपक्रम करना होता है वह इन्हीं में से चुनती है, इनकी नक़ल करती है, इन्हें स्टेज़ पर दिखाती है और इस तरह नक़ल की नक़ल करके वह 'कुछ करती है'। उसका यह 'कुछ करना' अपने आपमें उसके जीवन के चौतरफ़ा पसरे सतहीपन, नक़लीपन में ही संभव होता है। उसकी रचनात्मकता इसी प्रक्रिया में बनती है। जो लोग इस सबको 'अपसंस्कृति', 'फ़ालतू', 'शोर-शराबा' मात्र मानते हैं, उनकी समझ में यह मर्म नहीं आ सकता कि डीजे बुलाने, स्पॉन्सर लाने, कॉलेज मुहल्ले में मौक़े-बेमौक़े नाच गाना करने के ज़रिए यह पीढ़ी अपने को व्यक्त करती है। यह उसका दुर्भाग्य है कि उसकी यह भाषा उसकी सांस्कृतिक अभिव्यक्तियों को समझने वाली सीनियर पीढ़ी उन्हें लेकर एकदम सनकी है। पॉपुलर

कल्चर के अध्ययन इस पीढ़ी की अभिव्यक्तियों को समझने में मददगार होते हैं। उत्तर आधुनिक 'सतहीपन' में जीने वाली पीढ़ी को उत्तर आधुनिक विमर्शों से ही समझा जा सकता है। 'सतहीपन' एक गहन रचनात्मक मूल्य है। 'सुपरफ़िसियलिटी' जब एकमात्र जीवन मूल्य बन चला हो, तो वही 'सहज' बन जाएगा लेकिन 'गहनता' के अर्थों को त्यागते हुए, वह एक निराली 'सतही गहनता' होगी।

क्लासीकल कल्चर की गहनता, दरअसल 'पाठ' निर्माण की गहनता है जो आधुनिकतावादी पाठों में बनी है। 'गहनता', 'गहराई' आधुनिकतावादी मूल्य है, जिसे क्लासीकल से मिलाएं तो ख़ासा सतही दिखेगा। आधुनिक युग पर आरोप क्लासिकों के प्रेमियों ने ही लगाया है कि वह सतही हैं, असल रामायण लिखने की जगह रामलीला करता है। यही बात उत्तर आधुनिकता के लिए अब आधुनिकतावादी लोग कहते हैं कि वह तो 'सतही' है। हां, उत्तर आधुनिक आधुनिक से इस मानी से अलग है कि वह स्वयं को 'गहनता से रहित' (डैप्थलैस) के रूप में जताती बताती है। इस तरह 'सतहीपन' को जीवन की एक 'दशा' बनाती है। मुक्तिबोध का 'सतह से उठता आदमी' यहां 'सतह से सतह तक तैरता आदमी' है। युवा है। यही अपनी जेनरेशन एक्स या अनाम पीढ़ी है। नक़ल यहां उसके लिए एक मूल्य है स्थायी नहीं। क्षणिक उसके लिए एक बड़ा मूल्य है। 'आत्मा' के आनंद से ज़्यादा बड़ा 'देह का ऐंद्रिक आनंद' है। वे विमर्श जो 'आत्मा के आनंद' को प्रमुख एवं प्राथमिक मानते आए हैं, इसे कोसते हैं। यह आधुनिकतावादी विमर्श की उत्तर आधुनिकता के बारे में की जाती आलोचना है। इसलिए वह जेनरेशन एक्स को नहीं समझ पाती।

कांटा लगा... एक लड़की इस एल्बम में अपनी जंघाओं, स्तनों के अधिकांश खुले भाग दिखाती कहती है कि कांटा लगा, फिर नाचती हैः कांटा लगा, फिर ढेर सारे नाचते हैंः कांटा लगा, तेरी बेरी के नीचे।

आशा भौंसले का यह असली गाना यहां आकर एक मिक्स में है। सैक्स अपील जो पुराने गानों में शब्दों में और नृत्य में व्यंजना में, इशारों में थी, अब सीधी, दो टूक सैक्स अपील है जिसे देह की अभिव्यक्तियां चंचल बनाती हैं। जेनरेशन एक्स इस धुन को सुनते ही ज़ोरदार शोर मचाकर किसी भी डीजे वीजे वाले जमावड़े में नाचने लगती है कि डीजे फिर बदलता है; सैयां दिल में आना रे आ के फिर ना जाना रे... जो लड़की इस एल्बम में गाने में नाचती है उसका संबोधन 'सैंया, बलमा' नहीं हो सकता। जींस पहनने वाली लड़की की भाषा यह नहीं होगी। पुराने पर नए को चलाकर, मिक्स करके युवा जेनरेशन एक्स ने दो काम किए हैं: एक कि असल को उसकी नक़ल में याद किया है और आज के फ़िज़ीकल डांस की शक़्ल बदली है। इस तरह असल से उसने जुड़ने की कोशिश की है, चाहे धुन मात्र में की हो लेकिन इस असलवादी परंपरा को बदला भी है। मिक्स किया है। अपनी ज़रूरत के हिसाब से बदला है। धीमे नाच से फ़िज़ीकल नाच में, शोर भरे नाच में बदला है। पुराना गाना, नायिका का प्रेम निवेदन इतना मुखर नहीं था। अब एक नई देह भाषा में इसे नया होना ही है। और फिर जिसे असल कहा जा रहा है वह भी तो किसी की नक़ल है तो वह इस तरह से जब एक्स पीढ़ी नाचती है, डीजे वीजे करती कराती है तो वह हर तरह से अपने को अभिव्यक्त भी करती है। इस अभिव्यक्ति का अपना सौंदर्य है, सौंदर्यशास्त्र है।

डीजे के तेज़ धुन, गीत बदलाव पर, बीट यानी ठेके के बदलाव पर नाचने वाले के आह्लाद का फूट पड़ना दरअसल धुन के बदलने से ज़्यादा उसको पहचान कर अपनी नृत्य भाषा को बदलने के चैलेंज को स्वीकार करने का परिणाम होता है, हज़ार पांच सौ या दस हज़ार युवा लड़के लड़कियों को, अपने गानों के क्रम से सजाता, नचाता डीजे दरअसल युवाओं की देह को टुकड़ों-टुकड़ों में अनुशासित करता है।

पूरे तीन मिनट के गाने की जगह वह पंद्रह से तीस सैकंड के गाने बनाता है, बदलता है, हां नाचने वाले उन गानों में पंद्रह से तीस सैकंड नाचते हैं। नाच एल्बम भी दृश्यों की तरह ही होता है। कुछ देर के लिए ऐसे हज़ारों लड़के लड़कियां स्वयं को टीवी के उसी दृश्य से अपने को जाते हुए समझते हैं, जिसमें वे पहले नहीं जा सकते थे। ऐसा 'जाना' महसूस करके उन्हें संतोष होता है, स्वाभिमान आता है। वे कुछ अर्थवान कर रहे हैं ऐसा लगता है यह अनुभव उन्हें क्षणिक संतोष देता है। एल्बम ग्लैमर के मार्केट में जाने का सपना भी देता है। लंबा सपना नहीं, पंद्रह सैकंड से तीस सैकंड का सपना!

आप नाचने वाले लड़की-लड़कों की देह भाषा देखिए। वे ज़्यादा चुस्त, ज़्यादा कसरती और ज़्यादा देर तक 'स्टेप्स' मेंटेन करते हैं। यह देह भाषा इससे पहले कभी नहीं दिखी। हज़ारों युवा युवती, एक नए क़िस्म के साथीपन से एक-दूसरे को परेशान किए बिना नाचते हैं। जिस समाज में लड़के-लड़कियों को प्रायः मिलने नहीं दिया जाता, वहीं लड़के-लड़कियां अपना सामूहिक एकांत इस नाच, इस डीजे आदि के ज़रिए ही बनाते हैं। वे यहीं सुरक्षित महसूस करते हैं, समूह में। कैजुअल समूह में। हज़ारों के संग। वे इन गानों के ज़रिए उस 'सैक्स' की बात नहीं करते जिसे नैतिकतावादी अक्सर पढ़ा करते हैं। वे इन गानों को इन स्टेप्स को सामान्य एक्शन की तरह लेते हैं। वे ऐसा करते हुए कुछ 'नया' बन जाते हैं। उनमें आत्म-विश्वास बढ़ता है।

सबसे ज़्यादा दिखलाई देने वाली बात आज के युवा की 'बॉडी फ़िटनैस' है। 'बॉडी केयर' है। सुतवां कसरती शरीर, स्पोर्ट शूज़, जींस, बनियान जैकेट। ऐसी पीढ़ी पहले कब थी जो अखिल भारतीय स्तर पर एक ही तरह से स्वयं को व्यक्त कर रही हो, 'बूगी-वूगी' कर रही हो। इसे संभव करने के लिए किसी ट्रेनिंग, किसी दीक्षा की ज़रूरत नहीं, इसे आसानी से कहीं भी, कभी भी संभव किया जा सकता है।

यही जेनरेशन एक्स का पॉपुलर कल्चर है। एकदम उत्तर आधुनिक।

आप इसे गाली दें, धिक्कारें, लेकिन वह है और ख़त्म नहीं होने जा रही। आप उसे उदारता से समझें, स्वयं को नैतिक पुलिस का दारोग़ा न समझें। वह आपकी दारोग़ाई की परवाह नहीं करती।

देखते नहीं कि चार-पांच साल पहले वैलेन्टाइन डे को लेकर कुछ बजरंगी नैतिक दरोग़ा लोगों ने वैलेन्टाइनी युवाओं को परेशान किया था, मारा-पीटा था, वे इस पीढ़ी के सामने धीरे-धीरे अपने आप ही किनारे हो गए। पहले वाली मारधाड़, फ़ासिस्टी हिंसा अब औपचारिक वक़्तव्यों मात्र में बदलकर रह गई है।

पॉपुलर कल्चर इसी तरह अपने वातावरण निर्माण के ज़रिए ही अपनी जगह बनाती है। जेनरेशन एक्स ने यही किया है।

मॉल कल्चर में आपका स्वागत है!

इधर वॉलमार्ट आ रहा है, उधर कांग्रेस अध्यक्ष सोनिया जी परेशान हो रही हैं। सोनिया जी ने पीएम से फ़रमाया है कि दुनिया के सबसे बड़ी रिटेल चेन वॉलमार्ट के आने से कहीं हमारे अपने रिटेल कारोबार पर तो बुरा असर नहीं पड़ेगा? उनकी चिंता वाजिब लगती है। वॉलमार्ट को आने का न्योता उनके यूपीए के शासनकाल में ही मिला है। कुछ शर्तें लगाई गई हैं कि वह कहां, किस जगह, क्या करेगा? सोनिया जी चाहती हैं कि न्योता देने के बाद सरकार ज़रा देख ले कि कहीं वॉलमार्ट के आने से देसी रिटेल पर बुरा असर तो नहीं पड़ने वाला! अभी वॉलमार्ट आया नहीं है। उसकी ख़बर आई है! अभी तो अपने देसी मॉल्स ने ही अपना जलवा दिखाना शुरू किया है। उसी से मंज़र बदलने लगे हैं, जीवनशैली बदलने लगी है।

बी ग्रेड के बड़े शहरों में अनेक मॉल्स अब बनने लगे हैं। वे देसी मॉल्स हैं। शहरों में बिजली नहीं पानी नहीं लेकिन मॉल्स में हमेशा स्वर्ग नज़र आता है। वे हर जगह उग रहे हैं। वे बताते हैं कि उनके उपभोक्ता पैदा हो गए हैं। लेकिन अभी विदेशी बहुराष्ट्रीय वॉलमार्ट या हैरोड्स नहीं आए हैं। दो-चार और आने हैं। इसका असर किस तरह से हो रहा है, इसे देखना दिलचस्प है। उपभोक्तावाद किस तरह से जीवनशैली को बदलता है, स्पेस को बदलता है, यह देखना उपयोगी

है। ख़ाली फूं-फां करने से बेहतर है हम इस बदलाव को देखें।

हमारे मुहल्ले और उसके आसपास कोई दो-चार किलोमीटर की दूरी पर कई देसी मॉल्स हैं। कुछ नए बन चले हैं। एक स्टोर बड़े-बड़े बोर्ड लगाकर बताने लगा है कि आप यहां आकर सब कुछ ख़रीद सकते हैं कपड़ों से लेकर घड़ियों, जूतों, जेवरात, सब्ज़ी, दाल-चावल से लेकर दवाई तक! आपको पूरे बाज़ार में अलग-अलग दुकानों में मोलभाव करते जाने की ज़रूरत नहीं, आप आइए और गली के दुकानदार के दाम से कम दाम पर सामान ले जाइए। जिस एरिया में हम रहते हैं, वहां अध्यापक, पत्रकार, वकील, चार्टर्ड एकाउंटेंट आदि ज़्यादा रहते हैं। प्रोफ़ेशनल्स का एरिया है। सोसाइटीज़ हैं और उनमे रहने वाले लोग गाड़ी वाले हैं। पैसा है, मियां-बीवी दोनों नौकरी करते हैं। बच्चे बाहरी बड़े शहर या विदेश में काम करते हैं। उपभोक्ता बाज़ार की प्रोफ़ाइल की नज़र से वे आदर्श 'अपमार्केट' उपभोक्ता हैं, आदर्श बाज़ार हैं। ये मॉल्स उनके लिए ख़ास खोले गए हैं। उनकी ज़रूरतें लोकल से अब ग्लोबल ब्रांड्स की होती जा रही हैं। बाहर काम कर रहे बच्चे उन्हें ब्रांड पहनने-बरतने की सलाह देते रहते हैं। मॉल्स में ब्रांड्स मिलते हैं। आप इन्हें पहनते ही एक ग्लोबल दुनिया के 'क्लासी' नागरिक हो जाते हैं, जो 'साइडी' यानी 'क़स्बाती' नहीं लगते।

सोसाइटीज़ के पास का इलाक़ा निजी छोटे मकानों का है लेकिन वे ग़रीब नहीं रह गए हैं। ज़रा से मकान पर चार पांच मंज़िल बना डाली हैं, उनमें छोटे-छोटे फ़्लैट्स बना डाले हैं और किराए पर दिए हैं या बेच डाले हैं। इस इलाक़े में दिन में काम करने वाले अकेले युवक-युवती बहुत रहते हैं। कनॉट प्लेस और नोएडा के पास होने के कारण और अब मेट्रो के आने के कारण, ज़मीनों के दाम अचानक ऊपर चले गए हैं। लोगों के पास पैसा इतना है कि कहावत कही जाती है कि अब इतना पैसा है कि चाहने पर भी ख़र्च नहीं हो पाता।

यह अपमार्केट उपभोक्ता है, जिसे अच्छी क्वालिटी की चीज़ें चाहिए। मॉल्स उनके लिए हैं। उनके बच्चे दूर गुड़गांव की मॉल्स में अब नहीं जाया करेंगे। वे पास में आ गई हैं।

मॉल्स की कल्चर एक अलग कल्चर है। एकदम शीशा–शीशा और पारदर्शी! सारा सामान हाथ भर की दूरी पर है। यहां सब एक जैसे ही आ सकते हैं। गाड़ी वाले, महंगे, नए सामान की तलाश करने वाले, अचानक एक-दूसरे को ख़रीदते देख ख़रीदने के सहज 'क्लासी' गर्व को स्थायी भाव की तरह मन में महसूस करने वाले लोग! बाहरी दुनिया के देसी धूल-धुक्कड़ से मुक्त एक शरीफ़, संपन्न भीड़ की टहलान और हाथ से ट्रॉली धकियाते, ब्रांडेड सामान को चुनते और इस तरह अमेरिकी होते से लोग! आप हाथ बढ़ाएं और देखें। दाम का लेबल लगा है। एक्सपायरी डेट पड़ी है यानी आपकी सेहत की सुरक्षा का हर पल ख़्याल है। आप एक मामूली उपभोक्ता नहीं, क़ीमती उपभोक्ता हैं। आपकी ज़िंदगी की क़ीमत हैः सेल है तो उसमें डिस्काउंट है। आइए, लीजिए!

हमारे एक मित्र ऐसे मॉल्स को बेहतर समझते हैं। एक बार वे एक मॉल तक गाड़ी लेकर गए और तीन हज़ार का सामान ख़रीदकर लाए। उन्हें इसमें एक किलो शक्कर फ़्री मिली, एक चाय का पैकेट मिला और बच्चों के लिए किसी चीज़ के साथ चॉकलेट फ़्री मिली। सौदा अच्छा रहा। मिलावट जैसी कोई चीज़ नहीं दिखी। ख़राब चीज़ अगर है तो वापसी की गारंटी है वे कहते रहे कि मॉल्स से ही ख़रीदना चाहिए भाई साहब, वहां कम से कम इस दुकानदार की तरह का झटका नहीं लगता कि दाल में कंकर पड़े हैं, मसाले बेस्वाद हैं इत्यादि! सब्ज़ी के मामले में पूछने पर बोले कि सब्ज़ी एकदम ताज़ा है। ये लोग सीधे मंडी से माल उठाते हैं, उसे यहां लाते हैं। चौबीस घंटे से ज़्यादा पुरानी नहीं हो सकती। आलू-प्याज़ तो हो सकती है लेकिन बची-खुची नहीं

होंगी। एक जैसे साइज़ के आलू होंगे, प्याज़ होगी। सब स्टैंडर्ड की होगी। आप ख़ुद जाकर देख लें।

एक रोज़ एक अख़बार में कई पेजों का एक पुलआउट निकला। कहता था कि मॉल्स में दाल-सब्ज़ी सस्ती हैं, किराने या सब्ज़ी वाले की सब्ज़ी महंगी है। इसके बाद टीवी के एक चैनल ने कहानी को और आगे बढ़ाया। चैनल नई मॉल्स पर गया, उनके भीतर का साफ़-सुथरा, विहंगम सीन दिखाता रहा और बार-बार ख़रीदने वालों के तृप्त चेहरों से बात कराता रहा। गृहिणियां बताती रहीं कि वे ठीक चीज़ लेने आती हैं, उन्हें मिल जाती हैं, अच्छा लगता है। मिलावट नहीं है। हम लोग अब गली वाले सब्ज़ी वाले के पास नहीं जाते। कहानी इस बात में ख़त्म की जा रही थी कि इस सबका असर छोटे दुकानदार और सब्ज़ी बेचने वाले पर होगा। ज़ाहिर है कि लोकल मार्केट पर, छोटे दुकानदारों पर असर होगा। वे स्पर्धा में हार सकते हैं। इस धंधे में लगे करोड़ों लोगों में से फ़िलहाल कुछ प्रतिशत और बाद में ज़्यादा प्रतिशत बेरोज़गार हो सकते हैं और उनमें से जो ज़रा यंग, अंग्रेज़ी जानने वाले हो सकते हैं, वे इन मॉल्स में काउंटर पर मदद करने वाले बन सकते हैं।

छोटे नगर बड़ों की नक़ल में कुछ नक़ली मॉल्स कल्चर बना डालेंगे। बाज़ार का सीन बदलना है। रिटेल का सीन बदलना है। वॉलमार्ट जैसे जब कई आएंगे तो कई अपने देसी भी उजड़ जाएंगे। अब आप उजड़ने पर आंसू बहाएं या ग्लोबल होने पर आनंदित हों, आपकी चॉयस है। मगर नए पूंजीवाद के चरण में यह सब होना है। सब जगह हो रहा है। यहां उस चीनी फेरी वाले की याद आना स्वाभाविक है जिसे महादेवी वर्मा ने अपने रेखाचित्र में अमर कर दिया। वह चीनी रेशम अपने कंधे पर उठाकर बेचा करता था और 'सिस्तर का वास्ते' रेशम लाता था। महादेवी को सिस्तर कहता था। अब तो चीन में भी फ़ेरीवाले

नहीं रहे। बचपन में गली में देखे अपनी बहंगी कंधे पर लादकर आने वाले बंजारे नहीं दिखते। गली का जूता गांठने वाला ग़ायब है, दर्ज़ी ग़ायब है। ताला ठीक करने वाला अलबत्ता मिल जाता है। हिंदी में बाज़ार को लेकर एक भावुक प्रलाप ज़्यादा सुनाई पड़ता है। बाज़ारों का इतिहास बनाता है कि बाज़ार सबसे जल्दी बदलता है और उसका कोई रूप परमानेंट नहीं है। कल को हो सकता है कि फिर अपना पुराने बाज़ार का फ़ेरीवाला निकल पड़े।

मीडिया और बच्चन-ब्रांड

ऐश-अभिषेक की शादी 'मीडिया और ब्रांड' और 'ब्रांड और एम्बेस्डर' के बीच नए संबंध बनाने वाली हो सकती है। इस अर्थ में यह ब्रांड बहुल शादी है। इसे शादी की चकाचौंध के अलावा भी पढ़ा जाना चाहिए। शादी जैसी इस परिघटना को एक क्रम में पढ़ते हुए ही ऐसा किया जा सकता है। दो बड़े और एक उभरता हुआ ब्रांड इस शादी को कुछ अलग सी ब्रांड बहुल शादी बनाते हैं।

एक ओर ब्रांड बहुल शादी के विखंडन के लिए उसकी निजता की दुहाई। गोपनीयता के प्रयत्न। दूसरी ओर मीडिया का असल दृश्यों को दिखाने के लिए तरसना, एक-एक फ़ोटो या साउंड बाइट के लिए रोज़ पूरा दिन पपराजी की तरह लटके रहना और आख़री दृश्यों में लाठी खाना। फिर सबसे अंत में (यदि वह अंतिम हैं तो!) अमिताभ का मीडिया के संग हुए उस अभद्र व्यवहार के लिए माफ़ी मांगना और मीडिया का मानो संतुष्ट हो जाना आदि कुछ टिकाऊ उपकथाओं को ध्यान में रखना होगा। इस सबके अलावा ब्रांड और उसके व्यवहार, उसके प्रबंध और मार्केटिंग के प्रबंधन संबंधों को बुनियादी तौर पर ध्यान में रखना होगा। इसी जटिल क्रम में बच्चन परिवार की निजता और मीडिया से अचानक परहेज और शादी के तीन-चार दिन तक अपने ब्रांड के लगातार प्रबंधन को देखना चाहिए।

कोई अचरज नहीं कि इस शादी में अमिताभ का चेहरा हर वक़्त अति सावधान नज़र आता है और अभिषेक सिर्फ़ उस एक फ़ोटो में हल्के से मुस्कराते नज़र आते हैं जो शादी के बाद बालाजी को धन्यवाद देने वाली पूजा के वक़्त लिया गया स्टिल फ़ोटो है।

यह बात एक बिज़नेस चैनल ने शादी के तुरंत बाद उठाई कि इस वक़्त 'बच्चनों' की 'ब्रांड वैल्यू' क्या है? कितनी है? अपने आकलन के हिसाब से उसने बताया कि सौ करोड़ के क़रीब अमिताभ की ब्रांड वैल्यू है, पचास करोड़ की अभिषेक की और ऐश्वर्या की पैंसठ करोड़ की है। इस तरह ये तीनों मिलकर दो सौ पंद्रह करोड़ की 'ब्रांड वैल्यू' रखते हैं। ब्रांड की वैल्यू ब्रांड के नायक या नायिका के बाज़ार दाम से एक बटे छह के अनुपात में कूती जाती है। यदि इस ब्रांड वैल्यू को असल क़ीमत में बदला जाए तो तीनों की असल बाज़ार क़ीमत बारह हज़ार नौ सौ करोड़ के आसपास की ठहराई जा सकती है।

कहने की ज़रूरत नहीं है कि यह किसी भी बॉलीवुडीय फ़िल्मी घराने की अब तक की रिकॉर्ड क़ीमत है। हंसने-रोने की जगह इस यथार्थ पर विचार करना चाहिए। इसमें सक्रिय पूंजी की ताक़त के बारे में सोचना चाहिए और शादी के अवसर पर प्रकट उस व्यवहार के बारे में सोचना चाहिए, जिसके दबाव में प्रायः मुक्त-मीडिया हतप्रभ और लाचार सा रहा और अंत में बच्चन की एक माफ़ी पर बच्चों की तरह संतुष्ट हो गया।

एक अन्य आकलन के अनुसार यह क़ीमत और भी ज़्यादा बैठती है। इसके अनुसार बच्चन-द्वय की ब्रांड वैल्यू सात सौ करोड़ है, जबकि अकेली ऐश्वर्या की वैल्यू पांच सौ करोड़ है। ऐश्वर्या हर हाल में अभिषेक पर भारी दिखती हैं। मांगलिक होने आदि की बातें प्रतीकात्मक भी कही जा सकती है कि आर्थिक पहलू भी उन्हें भारी बताता है।

इस नज़र से देखें तो यह शादी अभिषेक या अमिताभ के ब्रांड

को प्रतिबंधित करने की वजह से गोपन नहीं बनाई गई, जितनी कि ऐश्वर्या के ब्रांड की हिफ़ाज़त के लिए बनाई गई लगती है। शादी की सार्वजनिक हंसी-ख़ुशी, उसका सर्वस्वीकृत तमाशा अगर एक निजी और सीमित कार्य बनाया गया तो उसमें भी दो ब्रांडों के बीच तीसरे ब्रांड की पोज़ीशन को ठीक-ठाक करने की चिंता ज़्यादा दिखती है।

ब्रांड की पोज़ीशनिंग मीडिया के भीतर आकर अपने और उपभोक्ता के बीच संबंध को निर्धारित करती है। ग़लत पोज़ीशनिंग बड़े-बड़े ब्रांड को ढेर कर देती है। ब्रांडों के इतिहासों में ऐसी सफलताओं-विफलताओं को बार-बार देखा-पढ़ा जा सकता है।

इस तरह देखने पर शादी की यह परिघटना उस तात्कालिकता से कुछ हट जाती है। इस घटना ने मीडिया के साथ ब्रांड के संबंध को 'प्रदत्त' न मानकर पुनर्परिभाषित करने पर ज़ोर दिया है। इसलिए जिस 'बिग बी' को मीडिया हाथोहाथ उठाए फिरता था, कल तक जो अपने बेटे और होने वाली पुत्रवधू के बारे में एक पुत्र के पिता की तरह निजी ख़ुशी को पूरे मीडिया में हर चैनल में आकर बांट रहे थे और अभिषेक की ब्रांड को वे 'गुरु' फ़िल्म के बहाने जमाते भी जा रहे थे (कि वह मेरा गुरु है) और तब कोई भी व्यतिरेकी टिप्पणी मीडिया में दूर-दूर नज़र नहीं आती थी। मीडिया उनके अपने प्लेटफ़ॉर्म पर आने की ख़ुशी में बर्बाद हो चुका था। वे ही अमिताभ अब मीडिया से एक हद बनाने पर ज़ोर देकर चल रहे थे।

मीडिया अपने 'जहां न पहुंचे रवि तहां पहुंचे मीडिया' वाले मिथ में जनता को रखते हुए ज़िद पर अड़ा था कि तमाशा घुसकर दिखाएंगे। वह अरुण-लिज़ हर्ले की शादी से भी सबक़ नहीं ले सका था और अपनी दुर्दमनीयता के घमंड में था। उसको कोई छूट न देने की अमिताभ की नीति ने इस ब्रांड-शादी का प्रबंध कस के किया और उसमें वे एकदम सफल हुए।

अमिताभ का प्रबंधन इतना सुचारु रहा कि पत्रकारों की सुरक्षा वालों द्वारा पिटाई की घटना के बाद माफ़ी मांगते हुए वे बोले कि आप लोगों को शादी की तस्वीरें दे दी जाएंगी यानी इससे अधिक मीडिया की औक़ात नहीं है। मीडिया को इस बात का संकेत समझना चाहिए। जब एक चैनल की पत्रकार ने एकदम मित्र भाव से भर कर पूछा कि शादी कैसी रही, तो अमिताभ का जवाब था—आप लोगों की कृपा से ठीक रही। 'कृपा' में सक्रिय व्यंग्य वचनता को प्रायः भाषा की शक्तियों को न समझने वाले मीडिया के लोग यों ही अनसुना कर सकते हैं। इसे विदाई के वक़्त की चपत ही कहा जा सकता है।

कॉर्पोरेट जगत और देशभक्ति के बीच क्रिकेट

सारा बखेड़ा पैसे का है, खेल का नहीं। जनता के लिए जो महत्व खेल का है, वही बड़े लोगों के लिए पैसे का है। कुछ बड़ी कंपनियों ने अपनी स्पॉन्सरशिप हमारे खिलाड़ियों से वापस ले ली है। टीम के हारने के बाद टीम का, उसके खिलाड़ियों का मार्केट नहीं रहा। उन्हें देखने, पसंद करने वाले दर्शक उनसे उस तरह का लगाव महसूस नहीं करते जिस तरह से जीतने पर करते रहे। लेकिन इन दिनों हर कहीं ऐसा ही होता है। यह खेलों का ग्लोबल संस्कार है। खेल मनोरंजन उद्योग का हिस्सा बन गया है। क्रिकेट भारत का सबसे बड़ा मनोरंजक खेल है।

खेल के संग सबसे बड़ी पूंजी जुड़ी है, खेल जीत-हार के संग उठता-गिरता है। यह क्रिकेट के मामले में ही सच नहीं है, यूरोप में फुटबॉल के मामले में सच है, अमेरिका में बेसबॉल और फुटबॉल के मामले में सच है। इनमें बड़ी पूंजी लगती है। जितनी पूंजी लगती है, उतनी ही दर्शन की कामना जुड़ती है। जितनी कामना जुड़ती है, उतना ही इन खेलों को दिखाकर कंपनियों का ब्रांड बिकता है। यूरोपीय देशों में फुटबॉल क्लब अब खेल और उसकी शैली को पूरी तरह नियंत्रित करते हैं। उनके खिलाड़ी उनके तथा किसी बड़ी कंपनी के समूचे ब्रांड एम्बेस्डर होते हैं। खेलते हुए वे ब्रांड विक्रेता होते हैं। पश्चिम बंगाल

में मोहन बागान और ईस्ट बंगाल उस अपेक्षा में छोटे क्लब हैं, लेकिन वहां भी पैसा महत्वपूर्ण है।

खेल के साथ पूंजी का संग-साथ पुराना है। खेल को उसके पुराने शुद्ध रूप में कल्पित करने के आदी तक परेशान होते हैं, जब वे उसमें अपनी देशभक्ति की भावना को हर बार जीतते देखना चाहते हैं। क्रिकेट पर पहले देशभक्ति का दबाव रहता था, अब भी है। बांग्लादेश जैसी मामूली टीम से बुरी तरह हारने की बात इसलिए दर्शकों को नहीं पच रही है कि हारे भी तो एक नौसिखिया टीम से। यही हार ज़्यादा कचोट रही है। किसी ने मज़ाक़ में कहा भी है कि क्रिकेट की इस हालत के दो दोषी हैंः एक हनुमान जी, जिन्होंने लंका को पूरी तरह नहीं जलाया, कुछ बच गई तो आज तक परेशानी बनी हुई है। दूसरी दोषी स्व. इंदिरा गांधी हैं, न वे बांग्लादेश बनवातीं, न ये सब होता!

जनता देश को खेलता देखती है लेकिन कंपनियां इस देशप्रेमी जनता को उसी दौरान अपना माल बेचती हैं, जब वह देश को खेलता देखती है। उसका सारा भावलोक खेल में जीत पर एकाग्र होता है। जीतने की भावना मार्केट फ्रैंडली होती है क्योंकि उनमें फ़ीलगुड कराने की क्षमता होती है। जो जितना फ़ीलगुड भाव में रहता है, वह उतना ही अच्छा उपभोक्ता होता है। मार्केटिंग के रणनीतिकार ऐसे अवसरों को उत्सव का अवसर मानते हैं। वे इसी की 'टाइमिंग' करते हैं। यह अवसर बार-बार बने, इसी के लिए वे खिलाड़ियों को अपना ब्रांड एम्बेस्डर बनाया करते हैं ताकि जनता उन्हें देख उनके स्पॉन्सर किए ब्रांड को अपनी रुचि का केंद्रीय आलंबन बना ले। यह नहीं हो सका। टीम हार गई। क्या कारण रहे, यह बाद में ही पता किया जा सकता है। क्रिकेट अगर 'बाई चांस' कहा जाता है तो यूं ही नहीं कहा जाता। पब्लिक इस तत्व को भूल गई है। वह समझती है और उसे यही समझाया

गया है कि क्रिकेट 'बाई ऑर्डर' होती है। ज़्यादातर लोग क्रिकेट के फ़ैन हैं, दर्शक मात्र हैं। वे खिलाड़ियों के द्वारा बेचे गए ब्रांड ख़रीदते हैं। जब उनके खिलाड़ी हारते हैं तो ब्रांड का बाज़ार भी पिटता है। कंपनियां इसलिए पीछे हट गई हैं। वे सफल की दोस्त होती हैं, असफल की नहीं। वे खेल की बहुत सी नज़ाकत शायद नहीं जानतीं। वे सिर्फ़ जीतने वाले घोड़े पर दांव लगाती हैं।

मीडिया द्वारा जनता के दिमाग़ का निर्माण भी सफलतावादी उन्माद से किया गया। पिछले वर्ल्ड कप में इतना उन्माद नहीं था। तब भी टीवी पर नाच-गाने थे, देशभक्ति की पुड़िया थी, टीम इंडिया के जीतने की कामना थी और टीम इंडिया को जनता के बहाने एक आह्वान था कि कप लेकर आएंगे। 'आया इंडिया' का नारा था। इस बार का नारा 'हू हा इंडिया' था। यह एक प्रकार के युद्ध के नारे जैसा था। क्रिकेट को स्पॉन्सरों ने बहुत पहले से एक 'बिग आइडिया' में बदल डाला था जिसमें 'हू हा' का जयघोष एक बार नारे की तरह उभरता था। मामूली बात को बड़े अतिरंजित कथानक में डालकर उसे भावलोक का बड़ा विचार बनाकर बेचने की कला विज्ञापन कला की जान है। टीम इस नारे के आलोक में ही अलग-थलग पड़ी है। जो कंपिनयां पैसा लगा रही थीं उनके मुहावरे ने महायुद्ध जैसा वातावरण बनाया। जनता उसी में बही और उसकी घृणा भी उसी अनुपात में बनी।

कहना न होगा कि मार्केट ने क्रिकेट को खेल से ज़्यादा मुनाफ़ा कमाने का अवसर मात्र समझा और अपने पैर पर भी कुल्हाड़ी मारी। इतनी हाइप ज़रूरी नहीं था। यह क्रिकेट की नई परिभाषा है जो अपने यहां ज़रा देर से और झटके से आई है। इस तरह कंपनियों ने जनता और खिलाड़ियों को अकेला छोड़ दिया। यह खिलाड़ियों के लिए भी समझने की बात है कि जिन करोड़ों रुपयों को वे कमाते

हैं वे इसी शर्त पर कमाते हैं कि उन्हें ज़्यादा से ज़्यादा देर तक टीवी कैमरे में दिखना है, क्रीज़ पर रहना है और जीतना है। एक ओर देशभक्त जनता, दूजी ओर बिज़नेस कंपनियां और तीजी ओर खेल के गणित का दबाव मिलकर खिलाड़ी को कुछ नया खिलाड़ी बना डालता है। हमारी क्रिकेट समीक्षाओं में एक बॉल और बल्ले की तारीफ़ें होती हैं लेकिन एक बॉल, एक बल्ला, एक खिलाड़ी और उसके पीछे उछलता-गिरता पैसे का जटिल संबंध नज़र नहीं आता। उसको दिखाता टीवी चैनल, उसका पैसा, उसके दर्शक और उनकी इकॉनोमी नज़र नहीं आती। वह बहुत दूर तक निर्णायक होती है। वहां देशभक्ति ही नज़र आती है। तब जनता क्रिकेट को राष्ट्र का 'लगान' छाप रूपक माने तो अस्वाभाविक नहीं कहा जा सकता।

एक विशेषज्ञ ने बताया कि विभिन्न कंपनियों के कोई तीन अरब रुपए डूबे हैं। यह मामूली रक़म नहीं है। यह अपने किसी छोटे से इलाक़े का बजट हो सकता है। यह भी तथ्य है कि हमारे क्रिकेट खिलाड़ी दुनिया के किसी भी देश के खिलाड़ियों से ज़्यादा पैसा पाते हैं। वे ज़्यादा बड़े हीरो हैं क्योंकि उनको देखने वालों का बाज़ार एक अरब से ज़्यादा का है। हज़ारों करोड़ रुपए अगर बीसीसीआई प्रसारण अधिकारियों में कमाती है तो इसलिए कि क्रिकेट देश का, उसके उत्कर्ष का चिह्न बन चला है। उसमें दर्शक जितना खेल देखते हैं, उससे कहीं ज़्यादा देशभक्ति और राष्ट्रवाद पढ़ते हैं। क्रिकेट अब एक कॉर्पोरेट खेल बन चला है। लेकिन हमारी जनता इसे राष्ट्रवाद से, अपने देशभक्ति के एक्टिविस्ट भाव से रंगकर देखती है। इसे हम 'लगान' वाले भाव से अब नहीं देख सकते क्योंकि अब खेल में लगान वाला साम्राज्यवाद विरोधी प्रतीकवाद नहीं है। जब अपने यहां के सेठ बाहरी बड़ी-बड़ी कंपनियों को ख़रीदने पर निकले हुए हों, तब यह भाव पेशेवराना मुक़ाबले का भाव अधिक बन जाता है। इस खेल में सटोरिए, उनसे जुड़े माफ़िया

सरगना शामिल हैं। वे अलग तरह का दबाव बनाते हैं। ग्लोबलाइज़ेशन ने देश के पूंजीपति को जो एक बड़ा बराबरी का खेल का मैदान दिया है, उसके नियम देशभक्ति की भावना से ज़्यादा खेल के लिए शारीरिक और मानसिक फ़िटनेस में निहित हैं।

यह भी तीखी ग्लोबल स्तरीय स्पर्धा में होता है जबकि हमारे खिलाड़ी, हमारे चयनकर्ता अभी तक जनता के लिए 'देशभक्ति' बेचते हैं और अपने लिए कॉर्पोरेट का माल कमाते हैं। इस तरह क्रिकेट के खेल में दो-तीन तरह की संहिताएं काम करती हैं। देशभक्ति कॉर्पोरेट के हाथों विनियमित की जाती है। इसके लिए मीडिया दर्शकों को कॉर्पोरेट के हाथों बेचता है। उधर खिलाड़ी कॉर्पोरेट द्वारा सीधे नक़द ख़रीदे जाते हैं, मगर हमारे खिलाड़ी इस प्रक्रिया में कहीं न कहीं चूक जाते हैं। वे दक्षिण अफ़्रीका या ऑस्ट्रेलियाई टीम की तरह के बंदे नहीं बन पाते क्योंकि वे खेल में देशभक्ति और पैसे के बीच बंटे रहते हैं। पॉपुलर खेलों का कॉर्पोरेटीकरण दुनिया में नई बात नहीं है। अमेरिका व यूरोप के देशों में यह अर्से से जारी है लेकिन वहां उनका पूरा वातावरण भी रहता है। हमारे यहां एक ओर देशभक्ति की पेंगें और दूसरी ओर अंधी कमाई के बीच खेल विभक्त है। यह विभक्ति ही जनता की व्यथा बनती है।

जुआ और जश्न

जिस तरह आदमी को आदमी की तरह न रहने देने के लिए सब टीवी के एहसानमंद हैं, उसी तरह क्रिकेट को क्रिकेट न रहने के लिए भी सब टीवी चैनलों के एहसानमंद हैं।

एक दिवसीय तो उसी की संतान है।

देखिए! एक कह रहा है:

'चीयर फ़ॉर इंडिया!' हम तभी से चीयरफ़ुल होकर चीयर्स-चीयर्स करते हुए बीयर पी रहे हैं। फ़्रिज, टीवी, सेलफ़ोन, एसी उसी कंपनी के आ रहे हैं। जो चीयर करने को कह रही है। हम अब उस गाड़ी के लिए तरस रहे हैं जिसने कप को स्पॉन्सर किया है। स्पॉन्सर न हो तो विश्व कप नहीं। वे हमसे कमा रहे हैं: क्रिकेट उनसे कमा रहा है। हम किससे रोएं कि हम कितना गंवा रहे हैं?

'कप' हो रहा है। 'चीयर फ़ॉर इंडिया', 'जीत के लाना कप', 'आ गया इंडिया', 'टीम इंडिया को जिताओ', सब पुकार रहे हैं। चैनल ढोल-नगाड़े बजा रहा है। सुन-सुनकर देश के दिल में देशभक्ति का प्रेशर बढ़ रहा है। क्रिकेट खेल नहीं अब 'मल्टीप्लेक्स' बन गया है। पचास मंज़िला मॉल बन गया है। उसमें बड़ा माल आ गया है। आप आधे-चौथाई पर क्रिकेट और आधे स्क्रीन पर स्पॉन्सर को खेलते हुए देखते हैं।

हर बॉल पर सट्टा कराया जा रहा है, कोई कह रहा है। इन खिलाड़ियों में से कौन पचास ठोकेगा? कौन सौ करेगा! मैन ऑफ़ द मैच कौन होगा? जल्दी बताइए एसएमएस कीजिए। एक लाख का तत्काल इनाम पाइए। विदेश की सैर कीजिए, पिक्चर देखिए, फ़्री टिकट लीजिए।

दिखाने के राइट्स एक चैनल पांच सौ करोड़ से ज़्यादा में ख़रीदता है। देश की जनता की ख़ातिर सरकार क्या-क्या पापड़ नहीं बेलती, आदेश निकालना पड़ता है, क़ानून बनाना पड़ता है कि देशहित की ख़ातिर दूरदर्शन को फ़्री 'फ़ीड' देना होगा, अब देशभक्ति की ख़ातिर डी-डी भी स्पॉन्सरों को अपने स्क्रीन पर खिला रहा है।

कभी 'भारत की टीम' होती थी अब 'टीम इंडिया' है। एक क्रिकेट मैदान में होता है। एक लोगों के दिमाग़ों, दिलों में, घरों में, दफ़्तरों में, गली में चलता है, ट्रांजिस्टरों, मोबाइलों में चलता है। टीम जीतती है तो राष्ट्रीय जश्न होता है। पिटती है तो राष्ट्रीय शोक! जीतने पर जिताने वाले खिलाड़ी के बूढ़े माता-पिता से कहलवाया जाता है कि क्या आपने इस जनम में कभी सोचा था कि आपका निकम्मा ऐसा बनेगा? बाप बोलता हैः सोचा तो नहीं था मगर अब हो गया तो हो गया। अब आगे से इसने नाक कटाई तो बहुत मारूंगा, देश की ख़ातिर मारूंगा!

क्रिकेट पर टीवी का दबाव है। टीवी पर क्रिकेट का! दोनों पर स्पॉन्सरों का। जनता का तिहरा दबाव है, फिर देशभक्ति का एक्स्ट्रा दबाव है। इस चौतरफ़ा दबाव में रहने वाली जनता क्या करे?

टीवी ने क्रिकेट को विजुअल कला बनाया है। घर बैठे आप हर बॉल को स्पिन होते, टप्पा खाते, रास्ते बदलते, बल्ले पर लग आवाज़ कर उठने, गिरने, पार जाने या कैच होने, बच जाने, खिलाड़ी के लुढ़कने, उछलने, उल्लास से घूंसा तानते कब देख पाते थे। अब क्रिकेट खेल

नहीं, फ़िल्म की तरह बनाया जाता है। बॉल की एक-एक सीवन दिखती है। वह गिरकर उठती, घास छिलती, ओस कणों से भीगती नहाती रंग बदलती है। खिलाड़ियों से ज़्यादा कमेंटर और उनसे भी ज़्यादा गली छाप कमेंटेटर। जो नहीं खेलता वह क्रिकेट का दार्शनिक होता है। जब तक टीम जीतती रहती है, सब बम-बम करते रहते हैं। जब हारती है तो लगता है सबके घर में स्यापा हो रहा हो। जो नायक थे वे सुपर ख़लनायक बन जाते हैं। चैनल उन्हें फ़ांसी चढ़ा देते हैं। जो जनता नाच रही थी, ख़ून की प्यासी हो उठती है, चैनल देख देख!

नया जुआ है, जुनून है, क्रिकेट कहां है?

एक और नवजागरणः वैलेन्टाइन प्रेम

वैलेन्टाइन डे नौजवानों को एक नई तरह के सांस्कृतिक प्रतिरोध का मौक़ा देता है आज जब ग्लोबल नागरिक की अवधारणा सामने आ रही है, जब वास्तव में 'बंटी और बबली' का युग आ गया है, तब इस नौजवान पीढ़ी को हारे हुए सामंती संस्कारों और मूल्यों से जोड़कर बांधे रखना कैसे संभव है? जो इस ग्लोबल नागरिक को संन्यासी बनाकर रखना चाहते हैं, वही वैलेन्टाइन डे या खुलेपन का विरोध कर रहे हैं। दुख इस बात का है कि कुछ जड़ क़िस्म के मार्क्सवादी भी इस विरोध में तथाकथित तत्ववादियों के साथ हैं। हालांकि हिंदी में कई ऐसे मार्क्सवादी भी हैं जो अब बाज़ार और मीडिया के क्रांतिकारी पहलू को समझने लगे हैं। नहीं समझेंगे तो यह विशाल नौजवान पीढ़ी उन्हें ख़ारिज कर देगी।

बुज़ुर्ग पीढ़ी जिन पर हाय-हाय करती है, नौजवान पीढ़ी उनमें अपना कैरियर ढूंढ़ती है, चाहे वह फ़ैशन हो या डांस, खेल हो या कुछ और। सानिया मिर्ज़ा के कपड़े पहनने के विवाद को मीडिया ने सबसे आगे निकलकर पुश किया और कट्टरपंथियों को मुंह की खानी पड़ी। मीडिया और बाज़ार युवा पीढ़ी का हमेशा साथ देगा, क्योंकि इस जेनरेशन में एक बहुत बड़ा कंज़्यूमर वर्ग है। मार्क्स ने कहा था कि सामंती समाज की जड़ता को सिर्फ़ पूंजी ही तोड़ सकती है। दरअसल,

बाज़ार हमेशा से क्रांतिकारी रहा है। महान चिंतकों, विचारकों और बुद्धिजीवियों से भी ज़्यादा।

हिंदुस्तान में 54 प्रतिशत नौजवान ऐसे है जिनकी उम्र 25 साल से कम है। ये नई पीढ़ी के लोग हैं जो गांवों, क़स्बों और शहरों के तेज़ी से बदलते हुए माहौल में रह रहे हैं। यह ग्लोबल मार्केट के दौर की पीढ़ी है। बड़ी तेज़ी से निर्मित हो रहे मुक्त समाज की पीढ़ी है। स्पर्धात्मक समाज की पीढ़ी है। यह वह बच्चा-बच्ची नहीं है जिनका बाप पब्लिक सैक्टर में बैठा है और अपने बच्चों से कह रहा है कि तू आ मैं तेरी नौकरी लगवा दूंगा। यह नई पीढ़ी उसकी नई संस्कृति का समय है। 21वीं सदी के इस ग्लोबल युग में जब कोई नया इवेंट होता है तो यह नई पीढ़ी उसमें अपनी जगह बनाने के लिए जी तोड़ प्रयास करती है। क्या आज के इस ग्लोबल स्पेस के दौर में संभव है कि ये नौजवान चोटी बढ़ाकर, पालथी मारकर दक़ियानूसी सामंती मर्यादाओं की जीर्ण-शीर्ण चादरों में लिपटे रहें? जिस समय साढ़े आठ प्रतिशत से ज़्यादा जीडीपी का दौर हो और शेयर बाज़ार 10,000 का आंकड़ा छू रहा हो तो ऐसे समय में 50-60 करोड़ नौजवानों की पीढ़ी अपने संबंधों को नए सिरे से परिभाषित न करे तो क्या करे।

क़ाबिलेग़ौर बात यह है कि यह पीढ़ी बिल्कुल अकेली है। इसके सिर जिन मां-बाप की छाया है, वह दोहरे मापदंडों के साथ जी रहे हैं। आज के हर मां-बाप चाहते हैं कि उनके बच्चे अमेरिका चले जाएं और डॉलर कमाएं। वे यह भी चाहते हैं कि उनके बच्चे आज़ाद हों लेकिन अमेरिका जाकर हों, अपने देश में वे उन्हीं के पदचिह्नों पर चलें और पिटे-पिटाए समांती संस्कारों को ढोते रहें। लेकिन यह कैसे संभव है? हरियाणा की पंचायतों में पगड़ी बांधे बूढ़े बुज़ुर्ग समगोत्रीय शादी का विरोध कर रहे हैं। मुज़फ़्फ़र नगर क्षेत्र की नौजवान पीढ़ी के प्रेम करने पर पाबंदी हैं। दरअसल जहां-जहां के लोगों को अभी

भी ज़मीन से जुड़ाव है, वहां सामंतवाद ज़िंदा है और अत्याचार ज़्यादा है।

घर-परिवार और समाज में यदि इन्हीं सामंती संस्कारों से लैस बुड्ढे टकटकी लगाए हैं तो स्कूल, कॉलेज इस नौजवान पीढ़ी को एक नया स्पेस देता है जिन्हें हमारा मीडिया, और बाज़ार प्रोत्साहन देता है। इतनी विशाल नौजवान पीढ़ी की भावनाओं, उसकी ज़रूरतों और दिक़्क़तों को मीडिया दुनिया के सामने लाता है और बाज़ार उसे मदद करता है। सच पूछा जाए तो आज की नौजवान पीढ़ी का उसके मां-बाप से ज़्यादा हितैषी मीडिया और बाज़ार है। स्कूली बच्चे भी आज इतने सशक्त हो गए हैं कि नए तरह के संबंध बनाने में अब उन्हें कोई झिझक नहीं होती। जबकि पुराने समाज में जो संबंध बनता था उसमें बच्चा 25 साल की उम्र में मां-बाप से इसकी इजाज़त लेता था। नई शिक्षा, नई तकनीक, बाज़ार और मीडिया ने हमारी नौजवान पीढ़ी को इस लायक़ बनाया है कि वह आज के ग्लोबल स्पेस में अपने को फ़िट कर सके।

नौजवान पीढ़ी को दूसरा सबसे बड़ा मौक़ा डांस ने दिया है। डांस पार्टियों में नई पीढ़ी झुंड में एक साथ डांस करती है। यहां लड़के-लड़कियों के बीच दोस्ती का वो स्तर होता है, जो बराबरी का है। इस विशाल नौजवान पीढ़ी को आज एक सांस्कृतिक मानवीय स्पेस की दरकार है जहां जाकर वे वैलेन्टाइन डे मना सकें, एक-दूसरे से प्रेम कर सकें, दोस्ती कर सकें। ज़रा बताइए कि इसी दिल्ली शहर में एक लड़की अकेली घर से निकलती है तो सुरक्षित नहीं है। अपनी सुरक्षा के लिए यदि वह दोस्त बनाती है, जो उसे सुरक्षा भी देता है और इस तरह से मदद करता है, तो इसमें क्या ग़लत है।

लेकिन फिर सवाल उठता है कि ये बच्चे एक-दूसरे से मिलें कहां? स्कूल-कॉलेज के बाहर ख़ाली वक़्त में ये दिल्ली के पार्कों में जा नहीं

सकते क्योंकि वहां हर कोने में बेटे-बहुओं द्वारा घर से निकाल दिए गए बुड्ढे नज़र गड़ाए बैठे रहते हैं। वैसी ही बूढ़े दिमाग़ की पुलिस बैठी है।

शिवसैनिक, बजरंगी और संघी लोग इस नौजवान पीढ़ी से झगड़े करके पिट चुके हैं। इन्होंने कथित मर्यादावादी और प्रतिक्रियावादी क़िस्म का समाज बनाने की भरसक कोशिश की। लेकिन अब इन्हें समझ में नहीं आ रहा कि वे नई पीढ़ी से कैसे लड़ें। ये जो मूल्य स्थापित करना चाहते हैं, वे लगातार टूट रहे हैं। बीजेपी नेताओं के बच्चे इनकी बात नहीं मानते। ये तथाकथित धार्मिक-सांस्कृतिक तत्ववादी हताश हो गए हैं। नौजवान पीढ़ी, बाज़ार और मीडिया ने इन्हें परास्त कर दिया है। जो काम बड़े-बड़े मार्क्सवादी नहीं कर पाए, वह काम इन्होंने कर दिखाया है। मैं बड़े ज़ोर-शोर से वैलेन्टाइंस डे मनाने वाली इस पीढ़ी का स्वागत करता हूं। बाज़ार और मीडिया जिस तरह इसका साथ दे रहे हैं उन्हें धन्यवाद देता हूं। यह वैलेन्टाइन की विजय है। फ़ासिज़्म और सामंती संस्कारों के ख़िलाफ़ एक लड़ाई है। यह नए तरह का एक रेनेसां (नवजागरण) है।

वैलेन्टाइन की विजय

कोई सात-आठ साल पहले कानपुर, लखनऊ, आगरा, दिल्ली तक में हिंदुत्ववादी बजरंगी तत्वों ने वैलेन्टाइन डे पर युवा-युवतियों पर फ़ासिस्टिक हिंसक हमले किए थे। दुकानों में, होटलों में घुसकर तोड़फोड़ की थी। सबसे अधिक प्रतिरोध कानपुर के लड़के लड़कियों ने किया था, मगर बेहद अकेले-अकेले। कोई दल, कोई नेता कहीं से भी उनके हक़ में खड़ा नहीं हुआ था, सिवाय मीडिया के, अख़बारों और टीवी चैनलों के। और आज का सीन देखिए: वैलेन्टाइन डे आ रहा है। लेकिन शिवसेना का एक तबका कह रहा है कि वो इस बार वैलेन्टाइन का विरोध नहीं करेगा। भाजपा ने अपने क़दम सबसे पहले पीछे खींचे। उनके युवा संगठन आरंभ में एक्शन में आए, बाद में पीछे हटे और पिछले दिनों जब मेरठ में युवक-युवती एक पार्क में आपस में मिल-बैठकर बातें कर रहे थे, तो पुलिस ने पीटा था। मीडिया ने इसे दिखाया था। इस पर सबसे तीखी प्रक्रिया भाजपा सांसद सुषमा स्वराज ने संसद में व्यक्त की थी, जो हिंदुत्ववादी अंधता और क्रूरता से मुक्त थी। वह नौजवानों की निजता और आज़ादी के पक्ष में बिना 'किंतु परंतु' के बोलीं। यह एक बहुत बड़ा बदलाव है कि अब वे तमाम लोग वैलेन्टाइन जैसे युवा जन-उत्सव के विरोध में न जाकर या तो ख़ामोश होने लगे हैं या समर्थन करने लगे हैं।

यह नया सांस्कृतिक मंज़र उस नव-उदारवादी आर्थिक प्रक्रिया, मुक्त बाज़ार, मीडिया और उस नए 'पब्लिक स्फ़ीयर' के दबाव से बना है जो पूर्ववर्ती दिनों की नियोजित अर्थव्यवस्था और उसके द्वारा बचत-संयमवादी ज़िंदगी की संरचनाओं को नीचे तक हिला रहा है। एक विराट नई पीढ़ी अपने नए प्राप्त सांस्कृतिक स्पेस को अपेक्षाकृत मुग्ध भाव से ताज़ा करने लगी है और अपना 'विमर्श' बनाने लगी है।

अब तो वैलेन्टाइन 'मार्केट और मीडिया' के दुर्जेय घोड़ों पर सवार होकर आता है। दिल्ली, मुंबई ही नहीं छोटे नगरों के बाज़ारों में कार्ड और गुलाब मिलने लगते हैं। युवा जन अपने दिल की बात कहने लगते हैं। सात-आठ साल में ही युवा समाज ने अपने लिए एक हक़ की जगह बनाई है। बातचीत, मित्रता और निजता के स्पेस की क्रांतिकारी जगह। इसके कारण मौजूद हैं। मीडिया ने, मार्केट की पहुंच ने इसे एक नया सांस्कृतिक स्पेस दिया है। एक नया रेनेसां है, जिसकी धार सामंतीय मूल्यों के अमानवीय, जर्जर मूल्यों के विरुद्ध है और जिसके पीछे ग्लोबल ताक़तें खड़ी हुई हैं। फ्री मार्केट ने पुरातनपंथी सामंतीय मर्यादावादी मूल्यों की पगड़ी बांधकर बैठे जड़ मर्दवादी समाज को अचानक रक्षात्मक बना डाला है। वह मेरठ, मुज़फ़्फ़रनगर, हरियाणा या ज़मीन से जुड़े संबंधों वाले समाजों में अभी फ़ुफ़कारता हुआ बैठा रहता है। मौक़ा मिलते ही अब भी प्रेम करने वाले युवक-युवतियों को अपनी कथित इज़्ज़त के लिए मार डालता है। यह एक बंद, गतिहीन, हरितक्रांति की मलाई खाए, हुक्का गुड़गुड़ाते, मंजी पर बैठे परंपरागत मूल्यों की महानता के क़िस्से सुनने वाले बुज़ुर्गों का नियंत्रित सांस्कृतिक स्पेस है, जिसका क्षय दिन-रात हो रहा है।

घर के बच्चे-बच्चियां टीवी पिक्चर देखते हैं। मॉडल बनने, फ़ैशन शो करने, मिस मेरठ बनने, नाचने-गाने के लिए छटपटाते हैं और उन्हें

रोका जाता है। अपने युवा जगत की निजी आज़ादी की यह सांस्कृतिक लड़ाई हर घर, हर गली में जारी है, जिसे मीडिया और मार्केट जैसे दुर्दमनीय दोस्त मिले हैं। मीडिया ने हर बार युवाओं के स्पेस को बनाया है। उसका पक्ष लिया है। बाज़ार ने उसका समर्थन किया है कि उसे चुनने की आज़ादी हो। उसे एन्श्योर किया। यह 'सिविल स्पेस' के निर्माण की ज़रूरत को बताता है। यह युवा जगत की सांस्कृतिक प्रक्रिया है, जो अबोध है। आबादी का चौवन फ़ीसदी घास-फूस की तरह उड़ाया नहीं जा सकता। हर मां-बाप चाहता है कि बालक कंप्यूटर सीखकर अमेरिकी डॉलर कमाने लगे। लड़की भी कमाने लगे। पैरों पर खड़े हों। वह डर-डर कर इस सबके लिए तैयार होता है। बौखलाहट में हिंसक हो जाता है। लेकिन जब स्टॉक एक्सचेंज दस हज़ार का आंकड़ा पार कर रहा हो, जब आठ फ़ीसदी से ज़्यादा जीडीपी का आकलन हो, जिसमें सबसे ज़्यादा बड़ा हिस्सा 'सेवा क्षेत्र' का हो, तो आप उस स्पेस के बारे में अज्ञानी नहीं बने रह सकते, जिसे ग्लोबल पूंजीवादी बदलाव बनाते हैं।

इस सांस्कृतिक समुच्चय के बदलाव के पीछे कोई राजा राम मोहन राय नहीं हो सकते। उन महानों की जगह मीडिया और मार्केट ने ले ली है और उचित ही ली है। जब हरित क्रांति हो जाए और समाज के सामंती स्वामियों का दिमाग़ पंद्रहवी सदी की नैतिकता में ही रह जाए, तो साफ़ है कि भारतीय क़िस्म के पूंजीवाद के चलते सामंतीय जकड़ने नहीं जाने वाली। उन्हें पॉपुलर कल्चर ही तोड़ेगी। तोड़ रही है। फ़िल्में, गाने, मीडिया का सूचना संजाल ही इस पिछड़ेपन को तोड़ेंगे। वे तोड़ रहे हैं। यह एक नया सांस्कृतिक रेनेसां है, जो किसी एक समाज सुधारक के भरोसे नहीं, नई पूंजी और उपभोक्ता क्रांति के ज़रिए संभव हो रहा है। उपभोक्ता क्रांति के बारे में बेहद क्रांतिकारी गर्मी से बज-बजाते हुए लोग ज़रा कम्युनिस्ट मेनिफ़ैस्टो पढ़ लें, तो उसके

आइने में वे ख़ुद की प्रक्रियावादी की सी तस्वीर देख लज्जित ही होंगे। जिन जगहों पर मार्क्स एंगेल्स ने 'बुर्जुआ इपाक' (पूंजीपति वर्ग का ज़माना) की बात की है, बुर्जुआ की क्रांतिकारिता की बात भी की है और ख़ूब की है। समाजवाद की चूलें हिल गईं। बुर्जुआ वर्ग नहीं मरा। वह नित-नित नवीन होता रहा। सामंतीय जर्जरताओं को बुर्जुआ ही तोड़ेगा, यही कहा था मार्क्स ने। अब उस बुर्जुआ को बाज़ार तोड़ रहा है। आप उसका ख़ात्मा सोचते रहे। उस चक्कर में उसने क्रांति को भी तोड़-फोड़ डाला। उसने कब कहा था कि वह उसकी हिफ़ाज़त करेगा? अरे भाई बनाओ नई क्रांति!

वैलेन्टाइन का नया सीन 'पॉपुलर सांस्कृतिक' विजय क्रांतिकारी का क्षण बनता है, उसका स्वागत किया जाना चाहिए।

दोनों ओर प्रेम पलता है

इस शहर में क़स्बे में, गांवों में नई पीढ़ी के बीच 'मिक्सिंग' बढ़ रही है। दिल्ली तो प्रेमियों का महानगर ठहरा।

दिल्ली में कई तरह के प्रेम होते हैं। ग्लोबल नागरिकों के प्रेम, स्थानीय निम्नवर्गीय प्रेम और वैल्कम ब्रांड प्रेम। एनसीआर की ओर नज़र मारिए तो एक प्रेम बुलंदशहरी-मुज़फ़्फ़रनगरी-मेरठी-हरियाणवी भी होता है।

दिल्ली जैसे महानगरों में प्रेम शीशे की ऊंची दीवारों और पारदर्शी हुई मॉल्स के ब्रांडों के निहारने में, मल्टीप्लेक्सेज़ के पहले शो में, नई बड़ी गाड़ियों के लंबे क्रूज़ों में, नई मोटरसाइकिलों की सुपर हुर्र-हुर्र स्पीडों में, कॉल सेंटरों की देर रात की खोई हुई थकन भरी पालियों में, जनपथ में यूं ही चहलक़दमी करते हुए, कनॉट प्लेस में या गुड़गांव में या नोएडा में किसी बारिस्तों, किसी कैफ़ेचीनों, किसी डोमिनो, किसी नरूला के पित्साओं के ग्रासों में और साउथ एक्सटेंशनों में, अंग्रेज़ी किताबों की दुकानों में और डीयू या कि जेएनयू कैंपसों में अब होता है। ख़ुले बाज़ार के इस ज़माने में भी प्रेम सीन बनते रहते हैं। यह डॉलर की तलाश में, आईआईटी, आईआईएम, एमबीए वालों के हाइएस्ट वेतनों की चर्चाओं में, पासपोर्ट-वीज़ाओं की लाइनों में नज़र आता है। यह एकदम पब्लिक स्कूलिया ग्लोबल कल्चर का हिस्सा होता है। यह असाधारण सा होता है जिसमें प्रेम की परिभाषा उसके होने के

पहले और बाद भी साफ़ नहीं होती जिस तरह से 'दिल चाहता है' के तीनों नौजवानों के बीच आख़िर तक साफ़ नहीं होती और जब किसी तरह होती है तो उसी तरह की भावुक मारधाड़ में होती है। लड़की के दिल की वोटिंग में होती है, कि वह किसे चाहती है। आप चाहें तो इसे 'दिल चाहता है' ब्रांड प्रेम कह सकते हैं।

दिल्ली में लोअर मिडिल क्लासी क़िस्म का प्रेम पुराने क़िले की गंदी झील में बोट चलाने में, पुराने क़िले के एकांत बुर्ज़ों के ऊपर सड़क की ओर पीठ कर जोड़ों के सायंकाल तक यों ही बैठे रहने में, बुद्धा गार्डन के पार्क और झाड़ियों में, इंडिया गेट के लॉनों की सांझों में और अब कालेखां-निज़ामुद्दीन वाली रिंग रोड के टुकड़े वाले मिलेनियम पार्क में होता है, यह निम्नवर्गीय प्रेम 'डाले हाथों में हाथ, चले साथ-साथ' वाला भाव होता है। कुछ-कुछ राजकपूर, राजेंद्र कुमार के संगम वाले प्रेम की तरह।

एक प्रेम पुरानी दिल्ली का जामा मस्जिद वाला भी होता है। यहां चांदनी चौक में चांदी की चम्मच से चंदू की चाची को चंदू के चाचा चटनी चटा सकते हैं, पटा सकते हैं। यह देवर-भौजाई छाप भी हो सकता है। फिर एक प्रेम वेलकम कॉलोनी वाला, शाहदरा वाला होता है, जो उसी तरह से पलता रहता है, जिस तरह से निम्नवर्गीय प्रेम पल सकता है। बस, कुछ मटमैले युवक-युवती कुछ नक़ली ब्रांडों वाले कपड़े पहने नक़ली शृंगार प्रसाधनों में आंखों ही आंखों में इशारा करते रहते हैं, लिपटते-चिपटते भी रहते हैं। ये टयूशनों में कोचिंग सेंटरों में, सरकारी स्कूलों के आसपास, पचास फ़ीसदी पर दाख़िला देने वाले कॉलेजों में चलता है।

एनसीआर में प्रेम पंचायत हिलाऊ होता है। प्रेम जाति और सर्वखाप पंचायतों को अचानक जगा देता है। और कहीं कोई ममता कहीं कोई डालचंद अचानक मुग़ले आज़म से लेकर 'मैंने प्यार किया' और 'दिल'

की भाषा बोलने लगते हैं— अब हमें कोई दीवार मिलने से नहीं रोक सकती। अब बीच में कोई रुकावट नहीं आ सकती। अब चाहे मेरी जान ही चली जाए, मगर शादी करूंगी तो उसी से, जिस पर दिल आया है। ये प्रेमी छिपाते नहीं। टीवी पर बताते हैं।

यह उन टीवी चैनलों पर महानगर और भारत में दिखता रहता है, जिसमें कभी-कभी ममताओं और डालचंदों को काटकर खेत में बिछा दिया जाता है। सारी बिरादरी उन्हें जला डालती है और फिर सारा गांव कोर्ट-कचहरी में लग जाता है।

प्रेम गांव-क़स्बों-शहरों में रहता है क़ुर्बानी को तत्पर, भाषा में निडर और जान की बाज़ी लगाता हुआ। जाति को तोड़ता, धर्म को फोड़ता हुआ। दिल्ली में प्रेम पालतू हो गया है। यहां दोनों ओर प्रेम पला करता है, लेकिन न तो पतंगा जलता है न दीपक जलता है। छोटे इलाक़ों में न केवल पतंगा जलते हैं दीपक जलते हैं, बल्कि पंच और पंचायतें तक जलते हैं। यह है असल क्रिटीकल प्रेम। कहीं भाषा का और कहीं क्लासिक प्रेम के साथ भेद नज़र आता है। अब अमीर-अमीर से करता है, ग़रीब-ग़रीब से करता है, कहीं-कहीं कोई अपवाद अब भी बचे हैं।

प्रेम चैनलाइज़ हो गया है, प्रेमी समझदार हो गए हैं। लेकिन प्रेमभाव मासूम ही है, वह दिल लेकर दिल देने की बातें फ़िल्मी अंदाज़ में करता है। वहां उसी तरह के फ़िल्मी ख़लनायक होते हैं, जिस तरह के फ़िल्मों में होते हैं। परिणाम मगर दारुण होते हैं, सुखांत नहीं होते। ज़ाहिर हैं कि प्रेम का तत्व अब या तो निम्नवर्ग में बचा है या मुफ़लिस इलाक़ों में। महानगरों का प्रेम एक प्रकार का अरेंज्ड प्रेम है प्रेम की स्वतःस्फूर्तता वहां नहीं बची। इसलिए हिसाब-किताब वाला है, मासूम नहीं। मासूम का वध हो सकता है।

जिधर मासूम बचे हैं उधर प्रेम बचा है। जिधर थोड़ी ग़रीबी को

दूर करने थोड़ी अमीरी आ गई है, थोड़ा नगर थोड़े बचे गांव को किनारे करने के लिए रोज़ आगे बढ़ रहा होता है, वहां महानगर से उजड़ते गांव का पंच भयाक्रांत होता हुआ प्रेम को उसका ख़तरनाक चिह्न मानता हुआ, उसका एक हद के बाद वध करना ही उचित समझता है। उसकी परंपरा बची रहती है, लेकिन वह यह बात भी कहीं एक क्षण के लिए सोचता है या कि इतना भी नहीं सोचता। वह एक तने हुए प्रतिक्रिया से भरे फ़िल्मी और इल्मी के बीच ठहरे फंसे सांस्कृतिक उपद्रव में होता है और फ़ैसला हो जाता है।

प्रेम हर जगह एक 'पॉपुलर संस्थान' है, हिंदी फ़िल्मों के पॉपुलर गानों, कथाओं ने इसे लगातार बनाया है, उससे पहले भी यह बनता रहा है साहित्य के बेहद पॉपुलर ग्रंथों में वात्स्यायन का कामसूत्र, आज तक एक बेहद पॉपुलर किताब है। महाकवि कालिदास की अभिज्ञान शाकुंतलम, भक्तिकालीन ईश्वर प्रेम, रीतिकालीन शृंगार परक साहित्य ग़ज़ल गीत ज़्यादातर प्रेम की 'थीम' लेकर ही चले और लोगों के बीच पॉपुलर हुए हैं: प्रेम इसी मानी में एक 'पॉपुलर मूल्य' है। और 'पॉपुलर कल्चर' का हिस्सा है। मुख्य 'कंटेंट' है। यही इसकी क्रांतिकारिता है। फ़िल्मों में पहले यह जाति, धर्म के बंधन तोड़ता आता था, बाद में यह परिवार तक तोड़ता रहा। मुक्ति की छटपटाहट, व्यक्ति की वैयक्तिकता और स्वत्व का दावा—ये सारे मूल्य सामंतीय जकड़न से मुक्ति के रास्ते रहे हैं।

तब उदारतावादी आर्थिक स्थितियों और उसके द्वारा निर्मित नई सामाजिक संरचनाओं और स्पेसों में 'फ्री लव' का अनुभव बढ़ा है। दृश्य बढ़े हैं, यद्यपि पुराने रूढ़िवादी मन इस सबसे घबराते हैं। प्रतिक्रिया में बदलाव के दुश्मन बनते हैं। मगर वे एक हारी हुई लड़ाई लड़ रहे हैं, ऐसा वे जानते हैं।

मटुकनाथ जूलीः
एक उत्तर-आधुनिक प्रेमकथा

फ़िल्मों से लेकर साहित्य तक में प्रेम पर टनों लिखा कहा गया है और लिखा-कहा जाता रहेगा। लेकिन जो प्रेमकथा बिहार ने दी, प्रोफ़ेसर मटुकनाथ ने दी, वह नई कहानी, अकहानी, प्रगतिशील जनवादी इत्यादि नस्लों का ख़ात्मा करने वाली नज़र आई। वह पटना-दिल्ली-पटना के रूट पर बनी। श्री मटुकनाथ स्वयं हिंदी के प्रोफ़ेसर हैं, जो बड़े 'कर्रे' प्रेमी हैं और शायद प्रेमिका भी हिंदी साहित्य की हैं। यही नहीं, दोनों के तार दिल्ली के एक केंद्रीय विश्वविद्यालय से जुड़े बताए जाते हैं। वे वहीं पढ़े-लिखे हैं इसलिए हिंदी वालों के बीच यह प्रेमकथा न केवल चर्चा का विषय बनी रही है, बल्कि फोकटिया मनोरंजन का विषय भी रही है।

जिस तरह का अखंड अविरल और अडिग प्रेमाख्यान चैनल पर लाइव देखा गया, सबके सामने 'पति-पत्नी और वो' सब मिलकर सवाल-जवाब करने लगे, उससे लगा कि पुरानी पीढ़ी की नई कहानी का युग अपने बचे ख़ुचेपन के साथ ही ख़त्म हो गया। उसकी जगह एक नितांत नई उत्तर-आधुनिक प्रेमकथा आ गई है, जिसने हिंदी साहित्य के सारे कथाकारों को बासी कर दिया है। याद नहीं पड़ता कि पति,

पत्नी और थर्ड पार्टी का इस क़दर आमना-सामना कराने वाले कथाकारों ने ऐसे ज़िंदा सीन बनाए हों, जिनमें पत्नी पति से सवाल जवाब करती हो। पति हां हां हां करके जवाब देता हो।

ऐसी हर कथा के फलस्वरूप बीवी-बच्चों को अपार दुखों और अपमानों का भागीदार होना पड़ता है, ऐसे प्रेम की ओट में मर्दवादी संस्कार उदात्तता का बानक धरने लगते हैं। एक स्त्री का प्रेम दूजी को बेघर कर डालता है, तनाव देता है और बच्चे बर्बाद हो जाते हैं। वह सबके सामने बयान की तरह रहता है और किसी भी मर्यादा-फ़र्यादा की चिंता किए बिना अपना पक्ष रखता है जैसे हिंदी के फ़िल्मी गाने रखते आए हैं। क़ानून का उसे डर नहीं, लोगों का उसे भय नहीं।

ऐसी परम प्रेमावस्था लैला-मजनूं तक को नसीब नहीं थी। पुराने प्रेमी दीवाने पागल कहाते थे, नया प्रेमी केलकुलेटेड है, सूझा-बूझा है और जानता है कि वह जो बोल रहा है उसका क्या असर होने जा रहा है। वह किसी भी बड़े अभिनेता जितना परफ़ॉर्मर है, जो प्रेम की परफ़ॉर्मेंस दे रहा है, उसे एक आइटम की तरह पेश कर रहा है। सिर्फ़ इस आइटमबाज़ी के लिए हमें उस प्रेमी-प्रेमिका के जोड़े को धन्यवाद देना होगा और पत्नी के प्रति पति के अन्यायकारी पक्ष को नज़रअंदाज़ न करते हुए भी, इस ज़िंदा कथा को तात्विक रूप से इस तरह देखना होगा कि यह प्रेमकथा मार्केट में आकर किसका स्टॉक ऊपर करती है। प्रेम के कथित मिथ का या कि चैनल का? चौराहे पर यानी चैनलों में आराम से बैठकर प्रेम चर्चा करना प्रेमी की नज़र में कितना ही 'आध्यात्मिक' हो ऐसा हर आइटम टीआरपी बढ़ाने का एक आइटम भर है। होता इतना भर है कि प्रेमीजनों को ज़रा कवरेज मिल जाता है, जिससे उन्हें अगले रोज़ सब जानने लगते हैं और उनके बारे गें भली-बुरी चर्चा करते रहते हैं वे इस तरह चर्चा में आ जाते हैं। 'ख़ुल्लमख़ुल्ला प्यार करेंगे हम दोनों' अब सिर्फ़ गाना नहीं टीवी का

दैनिक सीन है। कुछ दिन बाद यह कथा या ऐसी कथाएं उसी तरह बिना निशान के उतर जाती हैं जिस तरह कोई ब्रांड पंद्रह दिन की जिंगल देकर स्मरण से बाहर हो जाता है और उसकी जगह नई प्रेमकथा नया ब्रांड, उसका नया स्लोगन आ जाता है या जिस तरह बी ग्रेड की मूवी बड़ी मूवीज़ की भीड़ में खो जाती है या एक गाना दूसरे के लिए जगह छोड़कर बिला जाता है।

ऐसे में इस प्रेम का आख्यान भूतकाल में नहीं हो सकता है। नितांत वर्तमान में ही हो सकता है। निरंतर और नितांत वर्तमान बनाना एक नया उत्तर-आधुनिक कलात्मक उद्यम है, जो इस बार लिखा नहीं गया, परफ़ॉर्म किया गया। यह भी सच है कि लिखने से अधिक परफ़ॉर्म करना भी एक उत्तर-आधुनिक लक्षण है।

आप उसमें एक 'हाइपर रीयल' एक 'अतिचलित' यथार्थ बना पाते हैं जो कहीं ठहरता नहीं, न ठहरने देता है। हर बार वह अपने संदर्भ बदल डालता है, संदर्भ स्थिर नहीं रहते। यह क़तई इत्तेफ़ाक़ नहीं है कि ऐसी कथाएं न तो फ़िल्मों में अभी बनती हैं न टीवी की पटकथाओं या सीरियलों में बनी हैं न अख़बारों में पत्र-पत्रिकाओं में छपी हैं, क्योंकि हिंदी के पिछड़ गए आधुनिकतावादी कथाकारों को नहीं मालूम है कि रचना को रूपंकर किस तरह बनाया जाए कि वह एक बार नितांत वर्तमान में बने, वर्तमान ही बनाए और वर्तमान में ही अपने पाठकों अपने पाठ को संभव करती रहे। उसका सतत वर्तमान संस्कार बन यह काम टीवी ही कर सकता था, क्योंकि वह सतत वर्तमान का माध्यम है एक उत्तर-आधुनिक माध्यम है।

प्रोफ़ेसर की प्रेम कथा को भी एक वस्तुगत आख्यान की तरह पढ़ा जाना चाहिए ताकि उसके लक्षणों को पहचाना जा सके और हिंदी के जैनेंद्रीय त्रिकोणी प्रेम नाटक की जगह रिस्की क़िस्म की ऐसी कथाओं का उत्तर-समाजशास्त्र समझा जा सके।

हिंदी में प्रेम का 'रीमिक्स'

आदिकाल में संयोगिता का पृथ्वीराज चौहान से प्रेम कौन नहीं जानता? भक्तिकाल में मामला तो दैहिक-भौतिक प्रेम का रहा होगा, लेकिन शायद ज़माने के दबाव में भक्तों ने उसे भगवान के प्रति भक्ति की ओर मोड़ दिया। कबीर भगवान से डायरेक्ट प्रेम करते दिखते हैं। मीरा तो कृष्ण की दीवानी हैं ही। तुलसी अपनी पत्नी से ज़बर्दस्त प्रेम करते ही थे। कविवर सूर का प्रेम मोबाइल प्रेम है। वे भी करते होंगे कौन जाने, कौन जान सकता है कि उनकी भी कोई प्रेमिका रही हो। अन्यथा शृंगार का इस क़दर वर्णन करने वाले वे न हो पाते। गोपियों के विरह का वर्णन भला कैसे कर पाते? जायसी के पद्मावत में प्रेम की भौतिक व्यंजना है, जिसे आध्यात्मिक बताकर चला दिया गया। कई विद्वान ऐसा मानते हैं। विख्यात ही है कि रतन सेन किसी सुंदरी के वर्णन मात्र को सुनकर अचेत हो जाया करता है। यहां सौंदर्य में चार सौ चालीस वोल्ट का करंट आता रहता है। तार छुआ कि गए काम से। जिसे देखो वही अचेत हुआ मिलता है और फिर उस सुंदरी के पीछे हाथ धोकर पड़ जाते हैं।

रीतिकाल में तो प्रेम और सौंदर्य की ही पूरी बहुराष्ट्रीय मार्केट रही। जिधर देखो अभिसार नज़र आते हैं। रानी-राजाओं को प्रेम करने के नुस्ख़े सिखाए जाते हैं। जवानी को शर्तिया प्राप्त करने के नुस्ख़े

भी हैं। नायक-नायिका भेद बताए जाते हैं। रीतिकाल में प्रेम-सैक्स का रीमिक्स बहुत हिट हुआ। सैक्सुअलिटी की बात चल पड़ी। नायिकाएं अपने सौंदर्य के प्रति सचेत रहने लगीं। उसका सौदा करने वाली हो उठीं, मगर प्रेम सैक्स केंद्रीय थीम रहा। कुछ लोगों ने उसे पतित प्रवृत्ति कहा, मगर जिस समाज में कामसूत्र कभी एक केंद्रीय टेक्स्टबुक सी रही हो वहां यह 'मोरल पुलिस' क्या करती? मुक्तधारा के जितने कवि हुए, प्रेम के होल टाइमर हुए। घनानंद ने तो अपनी प्रेमिका सुजान की ख़ातिर दरबारी नौकरी तक खोई और उसके नाम को उच्चारित करते हुए ही मरे। बाद में कुछ कहने लगे कि वे भगवान के भक्त हो गए थे, लेकिन जो आदमी अपने प्रेम की ख़ातिर अपने जीवन काल में ही प्रतिबंधित सा हो गया हो, उसके प्रेम की पराकाष्ठा की कल्पना की जा सकती है।

आधुनिक काल में प्रेम फिर टॉप पर जमा रहा। भारतेंदु काल और द्विवेदी काल में सुधारवाद के चक्कर में ज़रा 'देश-प्रेम' रूप धारण कर स्लोमोशन में रहा। ज़रा मर्यादा अनुशासन का मामला रहा। उसके बाद तो प्रेम की थीम ने जो ज़ोर पकड़ा सो नई कविता तक चला आया। छायावाद में तो प्रेम ही प्रेम रहा, भले उसे इनडाइरेक्ट आना पड़ा। महादेवी के गीत प्रेम निवेदन नहीं तो और क्या हैं? आज के कवि प्रेम कविता लिखना भूल गए हैं। उनके समाज में संघर्ष बहुत ज़्यादा हो रहे हैं। मसलन इनाम लेने, कमेटी में होने, विदेश जाने के संघर्ष आदि। तो कमिटमेंट की ख़ातिर वे संघर्ष आदि की बात करने लगे। भू-मंडलीकरण आदि से ताल ठोककर लड़ने लगे। यह और बात है कि हर कवि ने अपने निजी जीवन में जैनेंद्र के संदेश को सही-सही ग्रहण किया और पत्नी के अलावा एक अदद प्रेमिका की ज़रूरत की बात ज़रूरी मानने लगा। आधुनिक काल में पत्नी के अलावा प्रेमिका की एंट्री एक बड़ी घटना रही। मामला पति-पत्नी और वो का होने

लगा। इसका हिंदी साहित्य के इतिहास पर गहरा असर पड़ा।

हिंदी का अध्यापक बनने से पहले एम.ए. तक जब विद्यार्थी के रूप में पढ़ता है तो सोलह में से पंद्रह पर्चे सिर्फ़ प्रेम की थीम के बांचता है, घोटता है और उसे लिख-लिखकर पास होता है। पास होकर जब वह पीएच.डी. करने आता है तो फिर प्रेम की थीम के डाइरेक्ट या इनडाइरेक्ट संदर्भ रहते हैं, वह अगर मैथिलीशरण गुप्त पर गांधीवाद के प्रभाव की बात करेगा तो उसमें भी वह उर्मिला के विरह वर्णन को ले आएगा। एक बार विरह आ गया तो मिलन कहां जाएगा? पीएच.डी. करता है तो उसे बेहद वेजीटेरियन कवि में भी थोड़ा नॉन वेज निकालना पड़ता है, समग्रता की ख़ातिर। ऐसा व्यक्ति ही हिंदी का अध्यापक बनता है। अध्यापक हो गया तो कक्षाओं में इसी भांति भाषा विज्ञान को छोड़ पूरे पंद्रह पर्चे प्रेमपाठ करता रहता है। यदि कन्याएं उसकी कक्षा में हुईं तो वह और अधिक रस लेकर उन प्रसंगों का पारायण करता है, जो रति प्रसंगों से भरे होते हैं। उसका ध्यान शृंगारमय शब्दों की व्याख्या पर अधिक रहता है। यों वह बेहद मर्यादा पुरुषोत्तम नज़र आएगा, लेकिन लड़कियों के बीच कन्हैया बनते उसे देर न लगेगी। इस प्रकार हर हिंदी विभाग में कन्हैया वृत्ति से पढ़ने-पढ़ाने वाले छात्रा-अध्यापक पाए जाते हैं। हिंदी समाजों की अखिल बे-रोज़गारी के बीच ख़ालीपन, अकेलेपन के वक़्त में सिर्फ़ प्रेम ही तो बचता है, जो फ्री में किया जा सकता है। यदि हम कहें कि देश की एक सौ पचास यूनीवर्सिटी में हिंदी पढ़ाई जाती है तो सोच लीजिए अध्यापकों और छात्रों की संख्या कितनी होगी। यह सब प्रेम का विराट वातावरण बनाते हैं, इसलिए अक्सर घर की बीवी के साथ हिंदी के अध्यापक एक छात्र प्रेमिका को पाल लिया करते हैं। छात्राएं भोली होती हैं, वे जब देखती हैं कि इतना ज्ञानी व्यक्ति सिर्फ़ इसलिए परेशान है कि उसकी पत्नी उसके टैलेंट को नहीं समझती तो वह महानुभाव 'सर'

मायूस समझने को उद्यत हो जाती है। प्रेयसी बन उठती हैं। उन्हें एम. ए. फ़र्स्ट क्लास और पीएच.डी. कराके नौकरी दिलाने तक का ज़िम्मा प्रेमी अधेड़ अध्यापक ले लेते हैं। कभी-कभी प्रेमिकाएं 'ब्लैक मेल' भी कर डालती हैं। हिंदी का पढ़ा-लिखा जगत इसी तरह बनता है।

बिहार के प्रो. मटुकनाथ को 'प्यार तो होना ही था'। जब आप हिंदी फ़िल्मों की तरह हिंदी साहित्य में भी प्यार 'सिर्फ़ प्यार-प्यार से घिरे रहेंगे तो क्या होगा?' हर जगह एक मटुकनाथ, एक जूली होंगे। हिंदी के कथाकारों ने तो इसे बहुत पहले सिद्ध कर लिया था। वे बाजाप्ता यह बात कहते रहे कि उन्हें प्रेरणा के लिए एक अदद नई प्रेमिका चाहिए। अब इस सबमें स्त्री कितनी भी अपमानित, वंचित और दुखी रहे उन्हें क्या? हिंदी के लंपट मर्दवादी वातावरण में ऐसा ही होता है। इसलिए यदि हर विभाग में एक मटुकनाथ है और जूली है तो समझिए कि एक छोड़ी जा रही बीवी और कई बच्चे भी हैं। हे पाठक! आपको तय करना है कि आप ऐसे प्रेम की तरफ़ खड़े हैं या कि उन अनाथ हो रहे बीवी-बच्चों की तरफ़, जिनका कोई नहीं रहा? मटुकनाथ की कथा हिंदी की परंपरा की कथा है। वे हिंदी के प्रोफ़ेसर हैं, तिस पर वे बिहार के हैं। यों प्रेम करने की इजारेदारी अकेले बिहार के हिंदी मास्टर की नहीं है, वह मध्यप्रदेश, उत्तरप्रदेश, राजस्थान, हरियाणा और हर हिंदी इलाक़े में मिलता है। किसी शोधकर्ता को इस विषय पर अच्छा शोध करना चाहिए। मर्दवाद हिंदी में कितना और क्यों प्रबल है, इससे पता चलेगा।

फिर जागे कैरेक्टर के ठेकेदार

कुछ लोग फिर छात्रों को कैरेक्टरलैस मानकर उनका कैरेक्टर बनाने के लिए उनकी ड्रेस को करेक्ट करने पर तुल गए हैं। इस बार यह पुण्य काम एक निजी विश्वविद्यालय ने करने की ठानी है, जिसकी पूरे मुल्क में शाखाएं हैं और जो पचास हज़ार से ज़्यादा छात्रों को तरह-तरह के प्रोफ़ेशनल कोर्स पढ़ाता है। आने वाले दिनों में कोई ऐसा एमबीए, आईटी सर्टिफ़िकेट लिए यदि कोई बंदा मिले, जो धोती-कुर्ता और चोटी धारण किए हों, तो आप चौंके नहीं। अगर कोई युवती घूंघट काढ़कर आपके दफ़्तर में नौकरी करने आए तो आप परेशान न हों, जब वह सलवार क़मीज़ और साड़ी पहनकर आए और कंप्यूटर चलाए तो आप उस पर मुग्ध होकर रहेंगे। वह सलज्ज है। मीटिंग में आप डिस्कशन के लिए उसे बुलाते हैं तो वह अपने पैर के अंगूठे के नाख़ून से धरती कुरेदने लगती है, पल्ले उंगलियों में फंसा कर नीची नज़र से बात करने लगती है तो आप चिंता न करें। यह एक निजी विश्वविद्यालय के छात्रों के लिए ड्रेस कोड की बात है। उसकी छात्राएं जब बाज़ार में आकर नौकरी मांगने जाएंगी या कैंपस प्लेसमेंट सेल में जाएंगी तो नौकरी देने वालों को ऐसे ही परम नैतिक व्यक्ति मिलेंगे। उनका कैरेक्टर ख़राब नहीं होगा। हमने इस कैरेक्टर वाले युवक-युवती का उक्त फ़ोटो ज़रा अतिरंजना से खींचा है। टोन थोड़ी अतिवादी

है। आप ज़रा यथार्थ की कल्पना करें।

एमबीए, आईटी, कंप्यूटर, जनसंचार आदि से जुड़े कोर्स, मानव संसाधनों के कोर्स पढ़ने वाले युवा मूलतः ग्लोबल माइंड के होते हैं, वे अमेरिका-यूरोप में भविष्य देखते हैं। वे एक ऐसे यथार्थ में होते हैं जहां ड्रेस कोड का कोई मायने नहीं होता। इसका यह मतलब हर्गिज़ नहीं कि वे नंगे, फूहड़, अश्लील ही होते हैं और हर वक़्त अवांछित हरकतें करते रहते हैं। पढ़ने वाले, प्रोफ़ेशनल कोर्स करने वाले छात्रों को इस सबकी फ़ुर्सत ही कहां होती है कि वे इश्क़बाज़ी करें। लेकिन उनके आचार्यों को लगता है कि लड़का-लड़की अगर कॉफ़ी भी पी रहे हैं, थोड़ा आपस में हंस रहे हैं तो वे ज़रूर लूज़ कैरेक्टर हैं। अगर कोई ग्लोबल कॉर्पोरिट इन बातों को सुनेगा तो इन हंसने वालों पर ही हंसेगा। कैंपस में प्लेसमेंट देने के लिए लोग आना बंद कर देंगे। क्योंकि जिस सोच से छात्रों को ड्रेस कोड में बांधा जा रहा है वह प्रोफेशनलिज़्म के ठीक विपरीत है। ऐसे संस्थान में पढ़ने वाले छात्र बाज़ार में हंसी के पात्र ही बनेंगे। वे 'भैयाजी' या 'बहनजी' ही कहलाएंगे।

पूरे मुल्क़ में ऐसी बातें होती रही हैं। पिछले बरसों में इनमें ज़रा तेज़ी आई है। लगता है कैरेक्टर के ठेकेदार नए सिरे से जागे हैं। पहले वे वैलेन्टाइन का विरोध करते थे। लेकिन वैलेन्टाइन जीत गया वे हार गए। अब युवा छात्र-छात्राओं को वे युवावस्था में ही बूढ़ा बना देने पर आमादा लगते हैं।

सब जानते हैं कि आदेश ज्यों का त्यों रह जाएगा। कोई मानने वाला नहीं। फिर भी कैरेक्टर के ठेकेदार अपनी हंसी कराते रहेंगे। ऐसे लोगों को इसमें एक प्रकार का परपीड़क आनंद मिलता है। ऐसे तत्व मानकर चलते हैं कि पढ़ने आने वाले लड़के-लड़कियां हर वक़्त सिर्फ़ सैक्स करते रहते हैं। कैरेक्टरलैस होते हैं। मानो ऐसे ठेकेदारों का कैरेक्टर एकदम पवित्र हो। जो आदमी आज के वक़्त में कैरेक्टर

की जितनी चिंता करता नज़र आता है। वह उतना ही कैरेक्टरलैस होता है। ऐसे ही लोगों को लड़के-लड़की के बिगड़ने की चिंता होती है जो ख़ुद दिमाग़ से बीमार होते हैं।

यह एक प्रकार का ड्रेस फ़ासिज़्म है। जो युवक-युवतियां ग्लोबल स्पर्धा में उतरने के लिए लाखों ख़र्च करते हैं वे एक भैयाजी या बहनजी बनने के लिए नहीं करते। वे नई पीढ़ी के युवा हैं। वे अपना भला-बुरा बेहतर जानते होते हैं। उनके ऊपर शक करना अपने बच्चे पर शक करने जैसा है। ऐसे व्यवहार से सिर्फ़ इतना सिद्ध होता है ऐसा करने वाले माता-पिता स्वयं में अधिक पजेसिव और किसी हद तक पिछड़ गए लोग हैं।

ऐसे आदेशों में युवा पीढ़ी का एक स्टीरियो टाइप बनता है—छात्र-छात्रा हर वक़्त ग़लत हरकतें करते हैं, उनकी ड्रेस भड़कीली होती हैं, वे पढ़ते नहीं बस कुछ और ही करते हैं। यह सब ग़लत है। एक पुराणपंथ हावी होना चाहता है। यह पढ़े-लिखे लोगों में भी ख़ूब मिलता है। शिक्षा संस्थानों के प्राचार्य आदि ऐसे ही होते हैं। ऐसे लोग अपने पदों के लिए अयोग्य ही कहला सकते हैं क्योंकि जो शिक्षा वे देते हैं वह आदमी को ग्लोबल बनाती है। मानववादी बनाती है, जबकि उनका अपना नज़रिया मध्यकालीन तालिबानी क़िस्म का होता है। वे उन पर गहरा शक करते हैं। वे नए जीवन पर, नए विश्वास पर शक करते हैं और अपनी स्थिति उन तालिबानों जैसी बना डालते हैं जो औरत को सात पर्दों में बंद करने के चक्कर में रहते हैं।

ऐसे दिमाग़ ऐसे ड्रेस कोड आदि के आदेश जब भी देते हैं तो उनकी नज़र में सारी ख़ुराफ़ात की जड़ औरत होती है, मर्द नहीं। वह उसकी देह को अनुशासित करना चाहते हैं। लेकिन व्यापक समाज ऐसे पुराणपंथियों को हमेशा रिजेक्ट करता रहता है। इसका अर्थ यह

नहीं कि वह फूहड़ और अश्लील होता गया है। जी नहीं। क्या कंप्यूटर इंजीनियरिंग करने वाले युवक-युवती नंगे घूमते हैं? जी नहीं, वे शायद ज़्यादा मर्यादित होते हैं। जो इस दौड़ में पिछड़ गए होते हैं वे ज़रूर उनकी एक अश्लील तस्वीर बनाते रहते हैं। उनके व्यवहारों पर शक करना अपने शक्की बीमार दिमाग़ की नुमाइश करना है। ऐसे लोगों के हाथों में समाज सुरक्षित नहीं कहा जा सकता।

पिछड़े बीमार दिमाग़ कहीं भी हो सकते हैं। उड़ीसा के एक विद्यालय में तो एक क़दम आगे की बात हुई। वहां छात्र-छात्राओं के कैरेक्टर की चिंता तो की ही गई, टीचरों ख़ासकर लेडी टीचरों की ड्रेस की भी चिंता की गई। आदेश में कहा गया कि लेडी टीचरें सहीं ढंग से साड़ी-ब्लाउज़ पहनकर आया करें। लड़के उनकी क्लास में पढ़ते हैं तो निगाहें किताब से हटकर कहीं ओर होती हैं। उनका ध्यान भटक जाता है। पढ़ाई का हर्जा होता है। इसलिए लेडी टीचरों को चाहिए कि वे इतनी बाहों वाला, पेट पर इतना नीचे तक लंबा ब्लाउज़ और इस तरह के पल्लू वाली साड़ी पहना करें। क्या आप समझते हैं कि यह या ऐसे आदेश चल पाएंगे? जी नहीं, न तो नई पीढ़ी कैरेक्टरलैस है, न पुरानी पीढ़ी सौ फ़ीसदी कैरेक्टर वाली ही है। हाल ही में पंजाब के एक गांव की एक साठ साल की दलित औरत ने ऐसे ही मर्दवादियों की खटिया खड़ी करते हुए कहा—जब मेरे लड़के जींस पहन सकते हैं तो मेरी लड़की क्यों नहीं पहन सकती है? सुन रहे हैं ना कैरेक्टर के ठेकेदार जी!

सैक्स पर ऐंठी हुई नैतिकता

ख़ुशबू ने कहा कि मर्दों को कुंवारी बीवी का आग्रह छोड़ देना चाहिए। और विवाह पूर्व यौन संबंध बनाने के दौरान सावधानी बरतनी चाहिए। इस पर अखिल तमिल दुनिया में हंगामा हो गया। मुक़द्दमे हो गए। जेल जमानत तक बात गई। लोग सड़कों पर उतर आए। तमिल संस्कृति ख़तरे में दिखने लगी।

इन दिनों एनसीईआरटी का प्रस्ताव है कि माध्यमिक शिक्षा के दौरान यौन शिक्षा बच्चों को दी जानी चाहिए। हिंदुत्ववादी ब्रिगेड में एक बिलबिलाहट है कि ये क्या हो रहा है? ये तो पश्चिम की नक़ल हो रही है। हमारे बच्चे स्कूल में रामायण, राणाप्रताप या वीर शिवाजी की गाथाएं पढ़ेंगे कि ये सब अश्लील बातें? क्लास कैसे लगेगी? एक ही क्लास में लड़के-लड़की होंगे तो इस सबको कैसे बताया जाएगा? एनसीईआरटी ने तेज़ी से बदलते समाज और उसकी सामाजिक सांस्कृतिक ज़रूरतों के मद्देनज़र यह प्रस्ताव किया है, जिसका हर समझदार व्यक्ति स्वागत करेगा। बदलते समाज में विवाह पूर्व यौन संबंध बनाने की प्रवृत्ति बढ़ रही है। ऐसे सर्वे आने लगे हैं। दमित लिबिडो फ्री मार्केट सोसाइटी और ग्लोबलाइज़ेशन में इतना दमित नहीं रह सकता। इससे युवाओं का व्यवहार बदल रहा है। समाज बदल रहा है तो बेहतर है कि इस बदलाव के लिए नई पीढ़ी को तैयार किया जाए। इससे उसकी समस्याएं हल हो सकेंगी।

यौन जागरूकता से उनमें यौन संबंध बनाने, न बनाने का विवेक पैदा होगा। यह एक बड़ी शिक्षात्मक-सांस्कृतिक शिफ़्ट है, जो आज के समय की एक ज़रूरी कार्रवाई है।

यह सबने माना कि ख़ुशबू को अभिव्यक्ति का अधिकार है कि वह जो चाहे कहे, इसके आगे सबके पास एक 'लेकिन' रहा, यानी लेकिन बोले तो ऐसा जिससे किसी भी भावनाओं को ठेस न पहुंचे। दमन के ख़िलाफ़ कुछ भी बोलोगे तो वह दमनकारी की अपनी भावनाओं की दुहाई ही देगा। अगर सैक्स शिक्षा होती और बच्चों की एक पीढ़ी इन तमाम सवालों को समझकर बनी होती, तो निश्चय ही ख़ुशबू इतनी अकेली नहीं होती कि कोर्ट को उसके ख़िलाफ़ होने वाले प्रदर्शनों को बरजना पड़ता। तमिल मर्दवादी समाज में यौनता को लेकर यह जो ऐंठी हुई नैतिकता नज़र आती है, वह उत्तर भारत में मर्दवादी समाजों की तरह की ही है। यह यौनता को गोपनीय प्राइवेट लिमिटेड मानकर उसे अपने ढंग से व्याख्या देती है। यौनता को दमित करने का यह काम तब ज़्यादा हुआ, जब अंग्रेज़ी राज आया और उनके कैथोलिक शिक्षावेत्ताओं ने यहां के उच्चवर्ग से सांझा करके यहां भी मैथ्यू आर्नोल्डियन नैतिकता को संस्कृति के विमर्श का पर्याय बना डाला। यहां औरत का पढ़ना तो ज़रूरी है, लेकिन उसे लिमिट में रखने के लिए रामायण पढ़ाओ। सीता सावित्री बनाओ। यही हुआ। उससे पहले के समय में यौन शिक्षा एक ख़ास ढंग से उपलब्ध रही। हिंदी में रीतिकालीन साहित्य-शिक्षा इस बात का स्वयं प्रमाण है, जिसे राष्ट्र-निर्माण के अभियान में दबा दिया गया। पश्चिम से मुठभेड़ करने वाले मुठभेड़ के नाम पर अक्सर अपने किसी अंधेरे देसी कुएं की तली में बैठने के महान सांस्कृतिक तर्क दिया करते हैं। ज़ाहिर है कि मर्दवादी कुएं में सबसे दयनीय हालत औरत की ही हो सकती है। उसकी यौनता की ही हो सकती है।

रीतिकाल की कविता बताती है कि उस काल में यौनता इस क़दर दबी हुई नहीं थी, जितनी आज है। यौन शिक्षा राजाओं के पाठ्यक्रमों में लगी थी। वे कवियों से कवि शिक्षा प्राप्त करते थे। उसमें विस्तार से नायिका भेद बताया जाता है। शृंगार बताया जाता था। अन्य कलाएं भी बताई जाती थीं। मांग पर औरत को ऐसी नायिका बनाकर पेश किया जाता है, जो राजा के विलास की वस्तु बने। लेकिन इसी क्रिया की अंतर्विरोधी प्रकृति में कहीं-कहीं नायिका भी बोल पड़ती थी, कई जगह कवयित्रियां भी बोल पड़ती थीं और जो वे बोलती हैं, वह कई बार ख़ुशबू के बोले से ज़्यादा मारक होता था। उस युग में तो राजा लोग नायिका-लूट ही करते रहते थे। मध्यजातियों की कन्याएं उनका शिकार हुआ करती थीं। लेकिन यौनता का यह मर्दवादी स्वरूप औरत को जिस तरह से व्याख्या देता था, उसी के भीतर से औरतों ने अपनी वाणी पाई। यह बहुत क्रांतिकारी नहीं है, मगर जितनी है, उतनी ज़बर्दस्त है। अमृतलाल नागर का पुराने तमिल समाज की पृष्ठभूमि पर लिखे उपन्यास 'सुहाग के नुपूर' में कन्नगी नामक नायिका तो ऐतिहासिक है। तमिल वाले उसे ही देख लें, तो बोलती बंद हो जाए। बहुत सी बातें छोड़ें, ज़रा तमिल फ़िल्मों में बनते गानों में स्त्री देह की परिभाषा पर ही ग़ौर करें? 'रोज़ा' में वयस्क नायिका के विवाह के संदर्भ में जो एक गीत फ़िल्माया गया है, उसकी गायिका श्रोता एक बच्ची ही है और एक बुढ़िया भी है। इसमें पहली रात का उत्तेजक वर्णन है। तमिल पॉपुलर कल्चर में सैक्स कोई छिपा हुआ प्रसंग नहीं रहा। लेकिन एक अभिनेत्री ने मर्दवादी यौनता के अंतरंग मनोरथों का भ्रमभंजन कर दिया और सेफ़ सैक्स की वकालत की, तो आफ़त आ गई। संस्कृति के सवाल धर्म से ज़्यादा सैक्स से जुड़े सवाल हैं। ऐसे विवादों से वे केंद्र में आने लगे हैं।

यह संयोग ही है कि एनसीईआरटी ने यौन शिक्षा की संभावनाओं

को टटोलना आरंभ किया है। इससे ऐसे बहुत से दमनकारी प्रसंगों को विदाई दी जा सकेगी। ख़ुशबू का बोलना एक चुनौती की तरह है, उसके पक्ष में नई सोच वालों को खड़ा होना चाहिए।

स्कूलों में यौन शिक्षा से कौन डरता है

यौन शब्द जिन्हें सीधे 'भारतीय संस्कृति' के लिए ख़तरनाक नज़र आता है, वे पता नहीं कितने साहस से अपनी ज़ुबान पर यौन या सैक्स शब्द लाते होंगे? जब तीन राज्यों की बीजेपी सरकारों ने यौन शिक्षण संबंधी पाठ्यक्रम को न पढ़ाने की बात तय की होगी तो विचारकों के बीच कई बार सैक्स शब्द आया होगा और जितनी बार आया होगा, उतनी ही बार 'कुछ-कुछ' हुआ होगा। इस 'कुछ-कुछ' से भय खाकर अंत में तय पाया गया होगा कि भारतीय संस्कृति में 'योग' ज़रूरी है 'यौन' नहीं—यह ब्रह्मचारियों का देश है।

यौन शिक्षा किसी न किसी रूप में आज भी दी जाती है—बायोलॉजी में नर-नारी के जननांगों के बारे में बताया ही जाता है। यदि उसे सामाजिक–सांस्कृतिक मूल्यों के साथ जोड़कर स्वास्थ्य संदर्भों में पढ़ाया जाए तो किशोर छात्र-छात्राओं के लिए बहुत ही अच्छा होगा—यौन शिक्षा भी 'रिप्रोडक्टिव' स्वास्थ्य की शिक्षा की तरह सैक्स के प्रति एक स्वस्थ दृष्टिकोण बनाने में मदद कर सकती है।

सैक्स शिक्षण भारतीय संस्कृति का अपना मौलिक शिक्षण रहा है—'कामसूत्र' किसी वक़्त में पाठ्यक्रम का एक बुनियादी हिस्सा रहा। अन्यथा साहित्य संस्कृति के क्षेत्र में शृंगार को रसों का राजा और रति को शृंगार का स्थायी भाव नहीं कहा जाता। हिंदी का पूरा रीतिकालीन

साहित्य गवाह है कि राजाओं को विविध कलाओं के अलावा यौन विद्या का भी ज्ञान अवश्य दिया जाता था—हां, तब आज के ज़माने जैसी शिक्षा सर्वसुलभ नहीं थी—पर तब समाज भी इतना संकुचित नही था। रीतिकाल में लिखे गए और नायिका भेद के तमाम लक्षण दरअसल इसी तरह के पाठ्यक्रम हैं, जिनमें सैक्स का ज़िक्र बुनियादी संदर्भ की तरह है—वह आज की पाठ्यपुस्तकों की तरह ग्राफ़िक में नहीं है। वहां सैक्स की बातें स्वास्थ्य की नज़र से बताई गई हैं। और बहुत दूर तक वह एकतरफ़ा और स्त्री-शोषण का उदाहरण भी है। इसलिए बहुत से लोग उसे पतित काल मानते हैं। उस शृंगार, रति और काम भाव को लेकर काव्यों की रचना की गई है—ब्रह्मचर्य व्रत का पालन करना नहीं सिखाया गया है। रीतिकाल में उस शृंगार, रति, काम का विरोध नहीं रहा। लेकिन जब राष्ट्रवाद और पुरुष सत्तावाद की एक सांस्कृतिक एकता बनी तब इसे कंट्रोल किया जाने लगा। यह मानकर चला गया कि राष्ट्र निर्माण के दौर में युवाओं को काम भावना की ओर नहीं जाना है। परिवार और प्रजनन गृहस्थों के लिए रहा, जो कि अखंड ब्रह्मचारी के मुक़ाबले निचले दर्ज़े का माना गया। यही ग्रंथि आज भी चली आ रही है—इसका भारतीय संस्कृति से कोई मतलब नहीं।

सैक्स को स्वास्थ्य से जोड़कर देखना और चलना आज के लिए आपात ही नहीं, अनिवार्य भी है। स्वास्थ्य संदर्भ आज के जीवन के बुनियादी संदर्भ हैं—इस तरह के प्रयत्नों को सिर्फ़ एड्स-जागरूकता में रिड्यूस करके 'कंडोम को बेचने' जैसा सपाट नहीं बना डालना चाहिए। सैक्स को एड्स से नत्थी करने के अलावा आप उसे समाज के मनोविज्ञान से भी जोड़ें—परिवार के ढांचे से भी जोड़ें—लिविंग कंडीशन और जीवन साथी के चुनाव से भी जोड़ें—यानी पूरी ज़िंदगी से जोड़कर चलें—तब पाठ्यक्रम मुक़म्मल और बेहतर बनेंगे।

समस्या इन पाठ्यक्रमों को पढ़ाने वालों की भी उतनी ही है, जितनी कि सही टेक्स्ट बुक की है—इस पर लगातार प्रयोग चलते रहने चाहिए। जिन देशों में ऐसा हुआ है उसका लाभ लिया जाना चाहिए। सैक्स शिक्षण के सांस्कृतिक पहलू को विशेष संदर्भों में समझे बिना उसे पढ़ाने में दिक़्क़तें आएंगी ही। सैक्स एक सार्वभौमिक जैव क्रिया है, लेकिन हर समाज में वह अपना अलग 'संस्कार' करती है। इसलिए इसकी पढ़ाई को भी 'संस्कृति विशिष्ट' और 'सजग' होना चाहिए। किसी की नक़ल करना अनुचित होगा।

सैक्स के नाम से भड़क जाने वाले बहुत दिनों तक भड़कते रह सकते हैं। समाज की संरचना में जब तक मर्दवादी नज़रिया और उसके विभिन्न नियंत्रण केंद्र रहेंगे, तब तक ऐसा होता रहेगा। लेकिन अंततः इसे एक दिन टूट जाना है, क्योंकि यह नज़रिया विकास विरोधी है।

सैक्स शिक्षा के विरोध में इन मर्दवादी नियंत्रणवादियों के तर्क दिलचस्प हैं। उनका कहना है कि भारत में इस तरह की शिक्षा बेकार है—बच्चों के स्कूलों में बेकार है, क्योंकि यह शादी के बाद काम आने वाली विद्या है—शादी से पहले क्यों दी जाए। दूसरी बात यह है कि वक़्त आने पर इसे सब जान ही जाते हैं, उसे अलग से बताया क्यों जाए? इस तरह सारे तर्क जैविक श्रेणी के तर्क हैं, जिन्हें सांस्कृतिक बनाकर पेश किया जाता है। पशुओं के जीवन में सैक्स को किसी हद तक शुद्ध जैविक क्रिया माना जा सकता है—लेकिन मनुष्य के जीवन में तो वह 'संस्कृति विशिष्ट' क्रिया ही है जो विवाह, परिवार और प्रजनन आदि के सांस्थानिक निर्माण तक जाती है। पशुओं में वह रिप्रोडक्शन तक ही रहती है। उनका 'जेनेटिक संबंध विस्मरण' उन्हें अपने जैविक चक्र में दीर्घ रिश्ते या परिवार जैसे संस्थान बनाने की ओर नहीं ले जाता।

इसे यदि आज के ग्लोबल जीवन के संदर्भ में देखें तो यह कहना

पर्याप्त नहीं कि सैक्स अपने 'आप आ जाता' है या 'प्यार किया नहीं जाता हो जाता है।' इस तर्ज पर अगर सैक्स चलता तो सांस्कृतिक नियंत्रणवादी क्या उसे चलने देते? दरअसल परिवार, जाति, धर्म और गोत्र के नियंत्रणकारी बंधनों में तो प्यार 'होता' ही नहीं है, उसे सिर्फ़ वर्जित नियंत्रित किया जाता है। नए परिवारों में उसे 'लव मैरिज़ कम अरेंज़्ड' में बदल लिया जाता है, पर नियंत्रण बना रहता है। यही सैक्स की सांस्कृतिक 'प्रोग्रामिंग' है।

असल झगड़ा यहीं पर है। किस तरह से यह 'प्रोग्राम्ड और निर्धारित' है? अपने आप आ जाने/सीख लिए जाने वाला सैक्स आज के नए समय में अपर्याप्त हो उठा है। इसके अनंत उदाहरण रोज़ हमारे आसपास नज़र आ रहे हैं। ऐसे में सैक्स सर्वसुलभ पाठ बन जाए तो हाय-हाय होती है।

सैक्स दरअसल समाज के कंट्रोल का एक बड़ा औज़ार रहा है। यदि सैक्स को एक विषय के रूप में पढ़ा कर सामाजिक बनाया जाता है तो कहा जाता है कि यह सब साम्राज्यवादी साजिश है। अपनी प्रसिद्ध किताब 'हिस्ट्री ऑफ़ सैक्सुअलिटी' में उत्तर-आधुनिक विमर्शकार मिशेल फूको ने बताया है कि उन्नीसवीं सदी में विक्टोरियाई अवधारणा हावी थी—सैक्स संबंधी मसलों पर ख़ुलेआम बात करना अपराध जैसा माना जाता था। यही सैक्स को कंट्रोल रखने का जैव-सत्तावादी या बायो-पॉवर गेम था। स्त्रीत्ववादी विमर्शों में यह बार बार सिद्ध किया गया है कि समाज पर मर्दवादी नियंत्रण का एक बड़ा माध्यम सैक्स पर नियंत्रण है। उसकी परंपरागत प्रोग्रामिंग है—वह स्त्री देह पर नियंत्रण का ज़रिया है। स्कूली सैक्स शिक्षा इस नज़रिए को परेशान करती है।

स्कूलों में यौन शिक्षा अवश्य दी जानी चाहिए। उसे देने के ठोस कारण हैं। ये कारण आज ही नहीं बने और जब-जब रहे, तब-तब

यौन शिक्षण किसी न किसी रूप में चलता ही रहा होगा, ऐसा मानने के कारण हैं।

आज यौन सजगता की ज़रूरत है। युवा वर्ग एक साथ बड़ी संख्या में समाज में मौजूद है। ग्लोबल समय में वह सैक्स के भी अनंत रूपों से रूबरू होता है। हर क़दम पर सैक्स या उससे संबद्ध प्रतीकों को समझना होता है। उसके जवान होने के चिह्न या उसकी 'प्यूबर्टी एज़' जल्दी आती है। अपनी किशोरवय से जवानी की उम्र के बीच के तकाज़े उसे अगर ठीक-ठीक नहीं मालूम तो वह कुछ समस्याओं से घिर जाता है।

यौन-स्वास्थ्य, रिप्रोडक्टिव स्वास्थ्य और सफ़ाई की जानकारी इसलिए अब एक बड़ा पठनीय विषय है क्योंकि दुनिया भर में युवा जगत में प्यूबर्टी एज़ कम हुई है और इस दौरान तेज़ हारमोनल परिवर्तनों और तत्संबंधी व्यवहारों के साथ तमाम ज़रूरी शारीरिक और मानसिक स्वास्थ्य की जानकारी देना ज़रूरी हो उठा है।

अध्ययन बताते हैं कि इन दिनों अपने समाज में 'प्री मेरिटल सैक्स', 'अनचाहा गर्भपात' और किशोरवय में ही अनेक रतिजन्य रोग होने लगे हैं। इसका कारण यही है कि किशोर बच्चे जिस समाज में रह रहे हैं वह सैक्स को खोलने वाला है और हमारे अपने संस्थान उसे इस नए जगत के प्रति सजग करने में अक्षम हैं और वे इसलिए अक्षम हैं कि वे इस बदलाव को हौवा समझते हैं। सदियों से वर्जित किए गए 'सैक्स ज्ञान' को इतना दबाकर रखा गया है कि उसका ज़रा सा ज़िक्र समूची सभ्यता संस्कृति पर 'पश्चिमी साम्राज्यवादी' हमला दिखने लगता है।

ज़िंदगी में यौन खुल चला है। मीडिया ने, बाज़ार ने एक मुक्त संस्कृति दी है जिसमें 'कामना' सक्रिय रहती है। सुखमूलक मूल्य सक्रिय किए गए हैं जो पूंजीवादी मनुष्य के सांस्कृतिक निर्माण हैं। ये निर्माण

भारतीय संस्कृति में पाए जाने वाले धर्म, अर्थ, काम, मोक्ष, से अलग नहीं हैं। लेकिन जिस तरह से नज़र आते हैं, उसे देख स्वदेशवादी तत्वों की हाय-हाय बढ़ती है और इस चक्कर में ज़रूरी बात भी बेकार हो जाती है। ऐसा नहीं है कि अपने समाज में सैक्स शिक्षा नहीं है। वह है और ख़ूब है मगर किस तरह से है, इसे देखना उपयोगी है। वह हर तरह से एक उपलब्ध शिक्षा है। वह प्राइवेट लिमिटेड और निजी है। एकदम गोपनीय है जिसे एक ख़ास वक़्त पर चोरी-छिपे ही प्राप्त किया जा सकता है। वह ऐसी 'गोपन' है कि वह सहज उपलब्ध 'जनरल नॉलेज' की तरह गली-मुहल्लों में कुत्ते-बिल्लियों-कबूतरों के सहवासों के रोज़ बनते सीनों में मिलती है। छोटे बच्चों तक को ज्ञात रहता है कि वे क्या देख रहे हैं? उन्हीं से सैक्स शिक्षण का पहला पाठ मिला करता है। घरों में किशोर-किशोरी ताक-झांक कर अपने माता-पिता या अन्य संबंधियों की दैहिक क्रियाओं को देखा करते हैं। यह एक प्रकार की घरेलू शिक्षा का कार्यक्रम होता है जो 'वोलंटरी' होता है, जो चलता रहता है लेकिन जिससे 'होता हुआ' 'पढ़ा जाता लाइव' पाठ्यक्रम नहीं माना जाता। यह समाज के अंतर्भुक्त पाठ्यक्रम हैं। जिन घरों में जगह नहीं होती, उनमें तो बहुत कुछ लुके-छिपे सब चलता दिखता है। छोटा बच्चा तक लिंग-योनि की बातें जानता होता है। इसे गुप्त-ज्ञान कहा जाता है। इसे कहना-खोलना अपराध है। यह अलग बात है कि वह एक मर्दवादी नजरिए से सैक्स को हृदयंगम करके रखता चलता है और इस सबमें निहित परंपरागत 'सैक्स कंट्रोल' को स्वाभाविक मूल्य की तरह मानने लगता है।

अपने यहां यह कंट्रोल्ड सैक्स शिक्षा उक्त तरीक़ों के अलावा, पीली ज़िल्द वाली किताबों में या 'गुप्तज्ञान' टाइप की फ़िल्मों में या 'मस्ती जवानी' या 'जवानी की नशीली रातें' टाइप बी ग्रेड की हॉलीवुडीय-बॉलीवुडीय फ़िल्मों में मिलती रहती है या उन अनंत

गाली-गलौजों में मिलती है जो दिन रात कही-सुनी जाती है और फिर हिंदी फ़िल्मों सीरियलों में और ज़िंदगी में विवाह और उसके बाद की सुहागरात के परिवारीकरण के सीनों में मिला करती है। यह सेनिटाइज़्ड, साफ़-सुथरी कर दी गई सैक्स शिक्षा होती है जिसका होना किसी के चरित्र के लिए भी ख़तरनाक नहीं माना जाता। 'हम आपके हैं कौन' इसी तरह के सेनिटाइज़्ड कंट्रोल्ड सैक्स का नमूना कही जा सकती है। हिंदी की हर फ़िल्म इसी कोटि में रखी जा सकती है।

सारा झगड़ा इस बात पर है कि इसे इसी तरह उपलब्ध अनौपचारिक सैक्स पाठ्यक्रम की तरह चलने देना चाहिए अथवा उसे बाजाप्ता एक विषय बनाकर पढ़ाया जाए? उसे सिर्फ़ 'जैविक' और उम्र के हिसाब से 'अपने आप' मिलने वाले ज्ञान के रूप में ही पर्याप्त माना जाए? उसे 'शादी से पहले' दिया जाए या कि उसे निर्देशित पाठ्यविषय की तरह अनिवार्य बनाकर पढ़ाया जाए? उसमें नैतिक कंट्रोल पर ज़ोर रहे या स्वास्थ्य सजगता पर ज़ोर दिया जाए? रिप्रोडक्टिव स्वास्थ्य और लैंगिकता के सामाजिक, मनोवैज्ञानिक पहलुओं पर ज़ोर दिया जाए ताकि युवा वर्ग अज्ञानवश रतिजन्य रोगों तथा एड्स आदि से बच सके! अनौपचारिक, 'अपने आप आने वाली' परंपरित सैक्स शिक्षा अंततः उन नीम हक़ीमों या कविराजों के भरोसे छोड़ देती है, जो 'बचपन की ग़लत आदतों की वजह से टेढ़ी हो चली इंद्री के शीघ्रपतन' को घंटों तक 'स्तंभन' में लाकर 'दस स्त्रियों से संभोग सक्षम' बनाने की गारंटी दिया करते हैं और मर्दवाद के सबसे निकृष्ट रूप को पक्का करते हुए लिंग को 'फ़ौलाद' बनाने का धंधा करते हैं।

ज़ाहिर है, परंपरागत सैक्स शिक्षा आज के ज़माने में आउट ऑफ़ डेट लगती है। परंपरागत शिक्षा सैक्स कंट्रोल का पर्याय है। स्त्री सैक्स को कंट्रोल करने का पर्याय है। सैक्स कंट्रोल तो सब कंट्रोल पर चलने वाली संस्कृति आज के समय में कारगर नहीं हो रही, इसलिए इतनी

चिल्लपों है। यह सैक्स कंट्रोल एक प्रकार का नस्लवाद है जो स्त्री योनि की शुचिता को सबसे बड़ा मूल्य मानकर उसे कंट्रोल करता है।

स्कूलों के पाठ्यक्रमों में सैक्स शिक्षण की अपनी समस्याएं हो सकती हैं। उसे पढ़ाने वाले कितने सक्षम हैं? उसे किस पद्धति से पढ़ाया जाए? उसे उपयोगी जनरल नॉलेज का हिस्सा किस तरह बनाया जाए? वह किस तरह लैंगिक शोषण का ज़रिया न बने और युवाओं को अधिक सचेत सक्षम और देह एवं स्वत्व सचेत बनाए?

ये सवाल व्यवहार के सवाल हैं। दुनिया भर में इन पर बातें हुई हैं, हो रही हैं। अपने यहां भी परंपरागत तौर-तरीक़ों में कुछ उपयोगी हो सकता है। उसे एक बेहतर सांस्कृतिक क्रिया की तरह पढ़ाया जाना चाहिए, इसलिए बहस इस बात पर नहीं हो सकती कि इसे दिया ही न जाए, बल्कि इस बात पर होनी चाहिए कि इसे किस तरह से दिया जाए? पाठ्य पुस्तकों में किस तरह से बेहतरी हो ताकि उनका दुरुपयोग न हो। फ्रायड का 'लिबिडो', लाकां का 'डिज़ायर का प्ले' और भाषा लैंगिक उपयोग-दुरुपयोगों को समझने के लिए स्त्रीत्ववादी पाठों को भी दिया जाना चाहिए। परंपरागत मूल्यों और नए मूल्यों, तनाव बिंदुओं को जोड़ा जाना चाहिए। हिंदी के रीतिकालीन सैक्स शिक्षण और कामसूत्र के उपयोगी पहलुओं को भी लिया जाना चाहिए।

एड्स से ऐसे तो न लड़ें!

एड्स से लड़ने का एजेंडा 'सेट' है। उससे लड़ने के तरीक़े बिल क्लिंटन और बिल गेट्स कई बार करोड़ों डॉलर सहित बताने आ चुके हैं। हॉलीवुड के एक अभिनेता रिचर्ड गेर भी यही काम करने आते रहे। उनके संग अपनी 'बिगब्रदर' की ख़्याति वाली ग्लोबल हीरोइन शिल्पा शेट्टी रहीं। वे मिलकर एक डॉक्यूमेंटरी बना रहे थे। उसी का कार्यक्रम था। मंच था। उस पर लिखा था, 'सीना तान के उत्सव'। यह कार्यक्रम और डॉक्यूमेंटरी ट्रक चालकों की ज़िंदगी पर केंद्रित था।

ट्रक ड्राइवर भारत में एड्स के सबसे बुरे शिकार कहे जाते हैं। मुंबई से दिल्ली तक की उनकी लंबी, ट्रक यात्राओं में पांच-छह पड़ाव होते हैं। इस क्रम में वे हर रात किसी न किसी वेश्या बाज़ार में गुज़ारते हैं। वहां से वे एचआईवी एड्स लेकर आते हैं और अपने गांव घर में अपनी बीवी को देते हैं, उसे भी रोगी बना देते हैं।

अब हुआ यह कि एड्स से लड़ने के बहुत से पाठों में एक पाठ यह भी रहा कि मनोरंजन के ज़रिए पाठ पढ़ाया जाना चाहिए। रिचर्ड गेर ने ऐसा करने की ठानी होगी। उन्होंने शिल्पा जी के कान में कुछ कहा और उनके गालों को चूमने लगे। फिर उन्होंने कुछ ऐसी नृत्य मुद्रा अपनाई कि शिल्पा अगर कसरती न होतीं तो उनकी कमर ही टूट गई होती।

इस तरह सार्वजनिक लिपटा-चिपटी को जब युवाओं ने देखा तो उन्हें लगा कि यह 'भारतीय संस्कृति' के विरोध में है। बस, देखते-देखते कई शहरों में कुछ लोग शिल्पा मुर्दाबाद के नारे लगाने लगे और पुतले जलाने लगे। शिल्पा को अब 'आउट ऑफ़ कंट्रोल' होती कहानी संभालनी पड़ी। उन्होंने प्रेस कॉन्फ्रेंस की और कई बातें साफ़ कीं—जिस कार्यक्रम में यह सब हुआ, वह एक एड्स विरोधी अभियान का हिस्सा है। मीडिया को एड्स विरोधी इस अभियान का संदेश देना चाहिए था, न कि रिचर्ड गेर के उनके साथ चुंबन को दिखाकर बात का बतंगड़ बनाना था। मीडिया ने तिल का ताड़ बनाया। उन्हें रिचर्ड गेर के एक्शन में ऐसा कुछ नहीं लगा, जो ऐतराज़ के क़ाबिल कहा जा सकता है। जब उन्हें ऐतराज़ नहीं है तो औरों को क्यों होना चाहिए? यह सब उनकी (रिचर्ड की) संस्कृति है। वे हिंदी नहीं समझ सकते। वे सिर्फ़ मनोरंजन कर रहे थे। उन्होंने गालों पर चुंबन के बाद माफ़ी भी मांगी। मुझे तो पहले मालूम ही नहीं पड़ा कि क्या हो रहा है। मैं ज़रा अचरज में रह गई, लेकिन मैंने कुछ भी ऐसा नहीं पाया, तो ऐतराज़ के क़ाबिल हो। आप लोग तूल देते हैं। अगर मेरे पुतले जलाना भारतीय संस्कृति है, तो ज़रूर जलाएं। मैं माफ़ी मांगने वाली नहीं। मैंने कुछ भी ग़लत नहीं किया।

टीवी का खेल 'हायपर रीयल' बनाने का होता है। 'हायपर रियलिटी' का अर्थ ऐसा यथार्थ बनाने से होता है जिस पर किसी का बस नहीं होता। इसमें छवियां एक के बाद एक अपने क्रम को ऐसी तेज़ी से बनाती हैं कि किसी भी सीन का एक अर्थ नहीं रहता। वह बहुत सारे अर्थ वहन करने लगता है और कोई अर्थ पक्की तरह से टिक नहीं पाता। 'हायपर रीयल' यथार्थ अतिचंचल बनाया जाता है। इस तरह हर कहानी आउट ऑफ़ कंट्रोल रहती है।

जो लोग संस्कृति को कंट्रोल में रखने के पक्षधर होते हैं, वे इसे

देख ऐतराज़ करते हैं। वे समझते हैं कि शिल्पा ने जो किया वहीं तंग कर रहा है। तंग बहुत कुछ करता है, लेकिन अक्सर आदमी इस हाइपर रीयल का हिस्सा बन जाता है। प्रदर्शनकारी भी इसका हिस्सा बना। उसका विरोध एक तमाशे से ज़्यादा कुछ नहीं बन सकता था, न बना।

कहानी का दूसरा पहलू यह भी है कि शिल्पा जैसे लोग अपनी फ़िल्मों में ऐसे अनंत सीन देते रहते हैं, तब किसी भारतीय संस्कृतिवादी को परेशानी नहीं होती। कहानी का सबसे दयनीय पहलू यही रहा एड्स विरोधी अभियान में गेर-शिल्पा के चुंबन की कहानी शामिल करना एड्स विरोधी पटकथा का विचित्र विरोधाभास ही कहा जा सकता है। एड्स विरोधी चेतना फैलाने के क्या यही तरीक़े बचे हैं?

स्त्री देह पर भी बाज़ार की नज़र

दिल्ली में अक्सर प्रायोजित होने वाले अंतरराष्ट्रीय मेलों में कई कॉर्पोरेट घरानों के मंडपों में सेल्स प्रमोशन करने के लिए युवा लड़कियों की भर्ती की जाती है। भर्ती के लिए उन्हें बताया गया कि उनके लुक्स, उनके वाइटल स्टेटिस्टिक्स (देहयष्टि के आकार प्रकार के आंकड़े) नियुक्तियों के लिए निर्णायक होंगे। उन्होंने यह भी बताया कि वे उनकी कंपनी द्वारा निर्धारित ड्रेस पहनेंगी। इस ड्रेस को पहनने पर ही उन्हें दैनिक पगार मिलेगी।

यह तीन हज़ार तक दैनिक हो सकती है। यदि वे बारह इंच से कम की स्कर्ट और नीचे गले का टाप पहनेंगी तो तीन हज़ार मिलेंगे। यदि वे सवाफ़ुट लंबी पहनेंगी तो डेढ़, दो हज़ार। सरकारी मंडियों में साड़ी वालियों को तीन सौ ही मिलेंगे। इस बाबत एक निजी कंपनी वाले का साफ़ कहना था कि आकर्षक औरत सबसे अच्छी सेल्स वूमन होती है। युवा लोग उन्हें ही पसंद करते हैं। ये ही ज़्यादा आते हैं। सैक्सी लुक्स बिकते हैं। स्त्री देह को इस तरह पूंजीवादी बाज़ार रोज़ व्याख्या दे रहा है। स्त्री देह साड़ियों से अलग व्याख्या पाती रही हैं। सामंतवाद में वह नगरवधू, वारवनिता होती, वारांगना होती। कामसूत्र की पद्मिनी नायिका होती। वह भी मर्दों की व्याख्या रही। हिंदी साहित्य के मान्य कवियों ने स्त्री सौंदर्य को ईश्वरीय सौंदर्य में बदला। तो भी

सूरदास के शृंगार में स्त्री सौंदर्य के नए मानक बने। रीतिकाल तो पूरा शृंगार-साधना काल ही रहा। स्त्रियों के कितने सौंदर्य मॉडल हो सकते हैं, यह इस काल के कवियों से पता चलता है। हैं मर्दों के बनाए मॉडल। मगर इनमें औरत बेहद ऐंद्रिक, सैक्सुअली एक्टिव और जागृत नज़र आती है। 'नायिका भेद' स्त्री सौंदर्य का बेसिक उद्योग है। उसका महत्व उसके सुंदर होने में है।

आधुनिक काल में नई औरत ज़रा अलग ढंग से बनाई गई। उसको बनाने के लिए उसकी देह को सबसे पहले परिभाषित किया गया। यह देह पश्चिमी अंग्रेज़ी स्त्री की देह से प्रभावित रही भारतीय स्त्री साड़ी, घूंघट में नज़र आती है। उसकी देह उसके पति की 'निजी संपत्ति' की तरह नितांत निजी कक्ष में रहती शेष समय यह अन्य संबंधों-मां, बहू, बहन के रूप में रहती। नग्न तब भी वह की जाती, मगर प्राइवेट लिमिटेड तरीक़े से। शृंगार तब भी रहता, मगर ब्यूटी पॉर्लर नहीं नाइनें ऐसा करतीं। संभवतः सिनेमा ने स्त्री की देह को सबसे ज़्यादा बदला। कैबरे डांसर हैलेन ने इसे बदला।

टाइट स्लैक्स, चोली और शराब घर, नाच सिगरेट आधुनिक स्त्री की यही छवि बनाई गई जो भले घर की बहू को कष्ट पहुंचाती, मगर अंततः भूला-भटका बेटा पत्नी के पास लौट आता। वह साड़ी वाली होती। सताए जाने के लिए होती सन साठ-सत्तर के विज्ञापनों में, सिनेमा में औरत स्कर्ट और टीशर्ट तक परिभाषित रही। सत्तर के दशक के बाद एक फ़िल्म में शर्मिला ने स्विम सूट पहना तब क़हर बरपा। इसके बाद स्त्री देह की स्त्री परिभाषा की एक बड़ी घटना प्रोतिमा बेदी के मुंबई के चौराहों पर नंगा दौड़ने की रही जो इलेस्ट्रेटेड वीकली के मुख्य पृष्ठ पर छपी। यह नई स्त्री थी। वह नग्नता के ज़रिए एक वक्तव्य देती थी। यह स्त्री की नई देह थी जिसे पुरुषों ने हाथोंहाथ लिया। मगर आम स्त्री, मध्यवर्ग की स्त्री शलवार-क़मीज़ तक आई

जिस तरह दुपट्टा अनिवार्य रहा। साड़ी से शलवार तक की यात्रा भी काफ़ी जद्दोज़हद भरी रही। मर्द-समाज ने साड़ी से शलवार तक आने में बड़ी बाधाएं पैदा की। मगर नए वक़्त ने साड़ी के साथ शलवार अनिवार्य कर दीं। कामकाज की ड्रेस बन चली।

लेकिन सिनेमा स्त्री देह को पूरी तरह सक्रिय नहीं कर सका। वह उसकी देह को उसकी अस्मिता की राजनीति तक नहीं पहुंचा सका। यह काम टीवी ने किया, ख़ासकर उपग्रह चैनलों के आने के बाद स्त्री देह को ज़्यादा दिखाया जाने लगा। टीवी छवि की व्याख्या करने वाला माध्यम रहा। उसने वही किया जो उसे करना था। उसके साथ खुला बाज़ार था जो सैक्स को उदार बनाकर ही अपना विकास करने की ठाने था। संसार भर में पूंजीवाद ने उन तमाम गोपनीय क्षेत्रों को सार्वजनीन किया जो पुराने समाजों में सब तरफ़ खुले नहीं थे। सैक्स, स्त्री-देह इस मामले का सबसे गोपन और नियंत्रित 'स्पेस' था। मर्द का निजी सामंतीय संसार उसे क़ब्ज़ाए हुए था। उसे पूंजीवादी बाज़ार ने अपने कॉर्पोरेट जगत में एक्टिवेट कर डाला। अपने बाज़ार को सैक्स की कामना, सुख-आनंद की कामना से जोड़ा। इसके लिए स्त्री की देह सबसे बड़ा उपादान, माध्यम बना डाली गई। यह प्रचलन दस-पंद्रह साल में ज़्यादा हुआ।

दो-तीन विश्व सुंदरियों की स्पर्द्धा के सीधे प्रसारण ने स्त्रियों को एफ नई स्त्री दिखाई णो पराणी, एंषी, आत्मपिश्पास से भरी थी। उससे पहले जीनत अमान उदार 'टॉपों', स्कर्टों में दिखी। ये फ़ैशन स्टेटमेंट बने। लड़कियां अपनाने लगीं। वे देह को लेकर शर्मिंदा होने से मना करने लगीं। आप स्त्री वस्त्रों के विकास का, फैशन का इतिहास देखें तो पाएंगे कि स्त्री देह को सबसे ज़्यादा 'ब्रा' ने परिभाषित किया। पश्चिम में भी 'ब्रा' का इतिहास सौ साल से कुछ बरस ज़्यादा का

है। बाद में 'बिकनी' ने उसे और सैक्सी बनाया। मगर उस सैक्सी छवि ने मर्दों की शुचितावादी नज़र को धक्का लगाया। भारतीय मर्द 'घर में तुलसी बाहर बिकनी' की तलाश में ही तो रहता है। औरत उसकी ख़ातिर ज़्यादा नंगी दिखे, उसे दिक़्क़त नहीं। लेकिन अगर वह सार्वजनिक रूप से ऐसा करती है तो वह बावेला मचाने लगता है। स्त्री देह को अनंत बंधनों में बांधा गया है। पुरुष की देह बंधनों में नहीं रही। पूंजीवादी बाज़ार ने इस स्त्री देह को परिभाषित किया है। यह परिभाषा बड़ी पूंजी की ताक़त से संचालित है। लेकिन इससे स्त्री को नए स्पेस भी तो मिल रहे हैं। शोषण के पुराने तरीक़े कमज़ोर पड़ रहे हैं। नए तरीक़े आ रहे हैं। लेकिन स्त्री की बंद देह तो उसकी अपनी कभी थी ही नहीं। इसलिए स्त्री को स्त्री की नज़र से देखने दें। वह अपनी देह की स्वामिनी है, रहेगी। जो चाहे पहने। नग्नता अपेक्षित है। एक धर्म में 'नंगे' रहकर भी आदमी संत कहलाता है। एक स्त्री नंगी हो जाए तो हाय-हाय है। टीवी ने, बाज़ार ने इसे खोला है। यहां भी समस्याएं हैं मगर नई हैं। उन्हें सुलझाया जाना चाहिए न कि नैतिक दारोग़ा बनकर डंडा फटकारना चाहिए।

भागती हैं लड़कियां

मध्यप्रदेश के जबलपुर से मुंबई भागी दो लड़कियां हतभागी रहीं। वे पहले भी हतभागी थीं। मुंबई में वे भाग्य आजमाने, अमीर बनने, कुछ करने के सपने लेकर गईं। उन्हें 'सारेगामापा' नामक एक टीवी संगीत कॉन्टेस्ट में अपनी आवाज़ का जादू बिखेरना था। वे जानती थीं कि इससे उनका नाम होगा, वे पहचानी जाएंगी और कुछ पैसा भी कमा सकेंगी। पैसा कमाएंगी तो घर की ग़रीबी दूर होगी।

वे मुंबई आ गई, लेकिन यहां वे 'सारेगामापा' के कॉन्टेस्ट के दफ़्तर का पता हासिल नहीं कर सकी। वे निराश हुई। अंततः उन्होंने समंदर में छलांग लगा दी। अख़बार में ख़बर छपी... टीवी पर उनकी बातचीत सुनाई दी। अर्चना, अंकिता नामक दो लड़कियों ने अपनी रामकहानी अस्पताल से कही। उसमें ऐसी ही बातें सामने आईं। इन बातों में उनकी आगे बढ़ने की कामना उनका अकेलापन, उनकी ज़िम्मेदारी की भावना और हताशा बोलती है। अनंत लड़कियां चाहे मुंबई भागें या न भागें, इन दिनों कुछ न कुछ करना चाहती हैं।

भारतीय परिवार में ग़रीबी की मार सबसे ज़्यादा इन लड़कियों पर ही पड़ती है। वे ज्यों-ज्यों पढ़ने-लिखने लगी हैं, ज्यों-ज्यों वे थोड़ी आत्मसजग होने लगी हैं और पैसा कमाने की सोचने लगी हैं, त्यों-त्यों उन पर दबाव बढ़े हैं। भारत की लड़कियां अनेक दबावों में जीती हैं।

ख़ूब पढ़ी-लिखी हो चाहे अनपढ़, या कम पढ़ी-लिखी, लड़की का अंतिम खूंटा उसकी शादी होती है। दहेज के अभाव में शादी मुश्किल होती है। वे क्या करें? ऐसे दबावों से निकलने के लिए वे भाग उठती हैं। वे अपनी त्रासदी या कामदी इसी तरह बनाती हैं। इनमें उनका दोष नहीं है, सिस्टम का है। घर-घर में, मोहल्ले-मोहल्ले में लड़कियों की कामना का वध होता है।

इन लड़कियों की कामना थी की वे सारेगामापा गायन कॉन्टेस्ट में जाएं। कामना में कोई बुराई नहीं थी, लेकिन कामना की आपूर्ति के लिए जो तैयारी चाहिए उसमें कमी थी। उन्होंने टीवी देखा। कॉन्टेस्ट देखा। टीवी पर सब आसान और ग्लैमर वाला लगता है। टीवी माध्यम ही ऐसा है, जो 'लेवलर' का काम करता है। वह बड़े-छोटे पर पाटा फेरकर उन्हें एकसार बना देता है। वह छलिया माध्यम है। वह छलना बनाता है। जो टीवी पर दिखता है, वह सब आप भी कर सकते हैं ऐसा अहसास होता है। टीवी में कोई महानायक नहीं बनता। वह 'पंद्रह सेकंड की अमरता' का माध्यम है... यही छल होता है। टीवी के छल को जान लें तो आप उसके सच को जान सकते हैं। तब आप उसका बेहतर उपयोग कर सकते हैं। मगर यदि आप उसके छल में आ गए तो आप उसके बुरे शिकार हो सकते हैं। कच्चे दिमाग़ वाले बच्चे, लड़के-लड़कियां आदि उसके शिकार होते रहते हैं। यदि कच्चा दिमाग़ है तो आप शुद्ध नक़लची बन जाएंगे। ज़िंदगी की जटिलताएं पेचीदगियां नहीं समझते तो आप गए काम से। उसे मंत्र की तरह न लेकर माध्यम की तरह लेना चाहिए जिसमें गुण-अवगुण सब हैं।

जितने भी टैलेंट कॉन्टेस्ट के कार्यक्रम आते हैं वे दिखने में अच्छे लगते हैं, लेकिन उनकी भीतरी सचाई उतनी भोली और सरल नहीं होती। भोले लोग ऊपर-ऊपर देखकर उसके व्यामोह में फंस जाते हैं।

उनकी जागृत कामना उन्हें उस ओर ठेलती रहती है—अरे! बस एक बार मौक़ा मिल जाए फिर देखना मैं क्या कर सकता/सकती हूं युवक-युवतियां सोचते हैं। 'चला मुरारी हीरो बनने' या 'मैं माधुरी दीक्षित बनना चाहती हूं' या 'मैं भी मैडोना' या 'गुड्डी' वाली बात होती है।

काफ़ी पहले एक गाना आता था—'जाना है हमको बॉलीवुड'। उसमें ग्लोबलाइज़ेशन के दौर में लड़कियों की सिर्फ़ 'कामना' को गाया-बजाया गया था। इन लड़कियों के दिमाग़ में शायद कुछ वही रहा हो या फिर कुछ 'सारेगामापा' या 'इंडियन आइडल' रहा हो, बस वे चल दी होंगी। उनके भागने में कुछ हद तक 'बंटी और बबली' की बबली का भाव भी रहा हो सकता है। बबली कुछ बनने निकली है। अपने छोटे शहर से ऊब गई है। उसकी प्रतिभा उसे बाहर धकेलती है। वह एक वेनिटी बॉक्स लेकर एक ब्यूटी कॉन्टेस्ट में जाती है। वहां उसका नंबर नहीं लग पाता।

कह सकते हैं कि इन दिनों हर लड़की में बबली रहती है। जिस तरह हर लड़के में एक बंटी रहता है। रातोंरात अमीर बनना है, कुछ न कुछ करना है, हम कर सकते हैं, हममें वह सब कुछ है, जो किसी सलमान ख़ान या शाहरुख ख़ान में, प्रीति जिंटा या रानी मुखर्जी या सुनिधि चौहान या अलीशा चिनॉय में है। लीजिए हम गा सकते हैं। हम ठीक वैसा ही नाचकर भी दिखा सकते हैं। मोहल्ले के स्तर के, स्कूल स्तर के, कॉलेज स्तर के कॉन्टेस्ट हम जीत चुके हैं। अब हमें बड़े लेवल पर जाना है। वे एक दिन अचानक छलांग लगाकर बड़े शहर में चल देते हैं। लेकिन हरेक की नियति बंटी और बबली की सी नहीं हो सकती। और बंटी बबली की नियति भी कोई महान नहीं, क्योंकि वे अंततः अपराधी की तरह पकड़े जाते हैं और 'लौट के बुद्धू घर को' आते दिखाई देते हैं। साफ़ है कि बंटी बबली एक प्रवृत्ति है कोई आदर्श नहीं। फ़िल्म उन छोटे नगरों के युवाओं की एक प्रवृत्ति

को बताती है आदर्श को नहीं लेकिन कुछ कच्चे दिमाग़ उसमें भी अपना रोल मॉडल तलाश सकते हैं।

दरअसल चारों तरफ़ अचानक अति अमीरी और अपनी ग़रीबी उन्हें तुरंत अमीर बनने की सलाह देती है। उनकी कामना जागती है। वे कुछ करना चाहते हैं। वे सोचते हैं यह शहर छोटा है, मेरी प्रतिभा बड़ी है और वे छलांग लगा देते हैं।

नए पूंजीवाद में अमीरी एक पॉज़ीटिव मूल्य है। यह बुरा नहीं लेकिन नया पूंजीवाद यह नहीं बताता कि पूंजी कठिनाई से पैदा होती है, फ़्री में नहीं मिल जाती। लूट से, जुए से कुछ ही लोग अमीर हो सकते हैं। मेहनत से अमीर नहीं बन सकते। हां, रोटी कमा-खा सकते हैं बस! यह बोध इन दिनों मीडिया नहीं देता। मीडिया छलना पैदा करता है। आदमी छलना का शिकार होता है। इसके अनेक उदाहरण इन दिनों दैनिक बनते हैं।

जो लड़कियां भागीं वे अपने सीमित करने वाले संसार से भागीं, लेकिन उचित और ज़रूरी तैयारी किए बिना। उनका हश्र यही होता। बहुतों का होता है, रोज़ाना होता है।

नया पूंजीवाद लड़कियों को कुछ नया स्पेस दे रहा है। इसके चलते लड़कियां अब अपना विमर्श बना रही हैं। वे कविताएं, कहानियां लिख रही हैं, पत्रकार बन रही हैं, इंजीनियर, मैनेजर बन रही हैं। वे ग्लोबल हो रही हैं। यह बड़ा बदलाव है, लेकिन यह नक़्ल से नहीं असल मेहनत से होता है।

यदि कोई लड़की कोरी कामना को पर्याप्त समझ लेती है तो वह अपने सपने का बुरा शिकार हो सकती है। ये लड़कियां अपने कड़वे सपने से वापस लौटकर आएंगी। वे सोचेंगी, उनके घर वाले उन्हें बड़ी सजा न देंगे बल्कि उनकी ग़लती को ठीक ढंग से समझेंगे तो वे फिर कोई सपना देख सकेंगी...।

सपने देखना बुरा नहीं। उनमें रहना ख़तरनाक है और वे सच बहुत बाद में होते हैं। प्रायः होते भी नहीं इसलिए दूसरा, तीसरा, चौथा, सौवां व्यावहारिक और संभव सपना भी देखते रहना चाहिए। ग़लतियों से सीखकर उसे पाने की कोशिश करते रहना चाहिए।

पोस्टमॉडर्न भगवान

कलयुग में जो न हो जाए कम है। स्वयं भगवानजी ने ही बार-बार बताया है कि कलयुग में भक्ति की भावना कम हो जाएगी, लोग तमाशे करने लगेंगे। गोस्वामी तुलसीदास ने अपने 'मानस' में ऐसी बातें बार-बार कही हैं। वे ऐसी बातें कहते वक़्त यह बताना भूल गए कि भक्त भगवानजी का कलयुग में कैसा संस्कार किया करेंगे? लेटेस्ट संस्कार लीला वृंदावन के ठाकुर बांकेबिहारी महाराज के संग की गई है। सेवायतों के एक दल ने भगवान की मूर्ति को जींस-टी शर्ट लगाकर, मोबाइल हाथ में देकर एकदम पोस्टमॉडर्न बना डाला। ग़ज़ब का सीन बना। मीडिया को ख़बर दी गई या उसे ख़बर लगी और जो वृंदावन अपनी मधुरोपासना के लिए जाना जाता है, जहां हर समय, हर गली, हर मोड़ पर भक्त 'राधे-राधे' या 'वृंदावन बिहारीलाल की जै' बोलते रहते हैं वहां बंद का ऐलान हो गया। यूपी के बड़े-बड़े दल मैदान में कूद पड़े। भगवानजी का जींस-टी शर्ट, मोबाइलावतार क्लासिकल भक्तों को रास नहीं आया। उन्हें यह भक्ति की परंपरागत भावना को चोट पहुंचाने वाली बात लगी। वह थी भी ऐसी हरकत। भगवान की परंपरागत सेवा में लगे सेवायतों ने ज़रा ज़्यादा ही छूट ले ली। अपने मोबाइल भगवान के हाथ में दे दिए, परंपरा तोड़ दी। अपराध किया। बताइए ये भी क़ोई बात हुई। यों तो ये संसार और उसकी हर चीज़ भगवान

की देन है। लेकिन जींस-टी शर्ट, मोबाइल पश्चिमी जगत की कलयुगी देन है। पश्चिमी भौतिकतावादी नंगी बेहया-अश्लील दुनिया की बनाई चीज़ें भगवानजी की पोशाक बना दी गई? जो भगवान पीतांबरधारी, मुरलीधारी, मोरपंखी रहे उन्हें आप एकदम नए नौजवान छोकरों का रूप दे तो कैसा लगेगा? स्वाभाविक है दूसरे भक्तों की भावनाओं को ठेस लगी। हंगामा हो गया। बड़े पुजारीजी को माफ़ी तक मांगनी पड़ी।

भावना की बात ठहरी। एक भक्त की भावना हुई। उसने जींस-टी शर्ट पहना दिए। दूसरों की भावना हुई तो उतार दिए। भगवानजी से ज़्यादा यह मामला भक्तों के अखाड़े का हो गया। भगवानजी का कोई क़सूर नहीं।

महाकवि जयदेव ने, सूरदास ने, फिर कविवर बिहारी ने भगवान कृष्ण को एक नया रूप दिया था। बिहारीजी ने कहा था—

'मोर मुकुट कटि काछनी, कर मुरली उर माल
यह बानक मो मन बसौ सदा बिहारीलाल'

यही चित्र ज़्यादा स्थिर हुआ। कृष्ण मंदिरों में ऐसा ही विग्रह ज़्यादा चलन में रहा।

अगर कोई कहानी होती तो यह सब कल्पना चल सकती थी। कोई मज़ाक़िया फ़िल्म होती तो भी टॉलरेबल कहा जाता, लेकिन मंदिर में वो भी बांकेबिहारी के पुरातन परंपरागत रूप को एकदम नया रूप दे डाला। 'विकृति' तो लगता ही। अगर जन्माष्टमी का मौक़ा रहा होता और बच्चे लोग अपने घरों में कृष्ण की झांकियां दिखा रहे होते तो यह रूप भी चल जाता। कृष्ण भगवान लीला पुरुषोत्तम ठहरे। यह बाल-लीला भी चल सकती थी लेकिन बांकेबिहारी के पुराने मंदिर में यह खटकने वाली बात ही रही।

बहरहाल मोबाइल लीला के यों तो कई पक्ष हैं, जो विचार के

लिए उकसाते हैं। मगर हम यहां सिर्फ़ उस पुजारी पक्ष के मन को ज़रा टटोलने की कोशिश करेंगे जिसने अपने कृष्ण को पोस्टमॉडर्न व्यक्तित्व दे डाला। हम सोचना चाहेंगे कि जिस परंपरागत विग्रह को वे हर दिन सुबह आरती के लिए सज्जित करते रहे और जितने विधि-विधान शास्त्रसम्मत से वे करते रहे तब क्या सोचकर उन्होंने ये सब किया? उनके मन में क्या रहा होगा? इससे एक सवाल यह भी निकलता है कि भक्त भगवान से कभी-कभी छेड़छाड़ क्यों करने लगता है? क्या वह अपने नित्य भक्ति कर्म से ऊब जाता है? क्या वह अपने प्रिय भगवानजी को नित्य-नवीन यानी लेटेस्ट अवतार में देखने की कामना करने लगता है? या कि वह अपने मंदिर की ओर अपने विग्रह की ओर लोगों का ध्यान आकृष्ट करने और कम होते जा रहे चढ़ावे-पुजापे को बढ़ाने का जतन करने हेतु यह सब करता है?

इस लोकप्रियता में एक बड़ा फ़ैक्टर मीडिया भी है। मीडिया ने भक्तों को, पुजारियों को, उनके मंदिरों को एक अजीब सी दुविधा में लगातार डाला है। मीडिया जिस जगत को बनाता रहता है वह इतना कलयुगी और भक्तिविहीन जगत लगता है कि आदमी प्रतिक्रिया में अपने धर्म की भावना, अपनी भक्ति-भावना को थोड़ा अधिक जोश के साथ सामने लाने की कोशिश करता है। यह व्यवहार पिछले दिनों आम हुआ है, लेकिन मीडिया जहां एक ओर प्रतिक्रिया कराता है तो दूसरी ओर एक लालच भी देता है कि एक बार अगर मंदिर का नाम उसकी महिमा का गान इलेक्ट्रॉनिक मीडिया की ज़ुबान पर चढ़ जाएं यानी विवाद का विषय बन जाए तो पौ-बारह हो सकती है। चर्चा में आकर मंदिर हिट हो जाएगा। कहने की ज़रूरत नहीं कि बात में विवाद बनाकर मीडिया का ध्यान आकर्षित करने की कला अपने यहां इसी तरह विकसित हुई है जिसमें मीडिया ने ख़ुद भी बड़ी भूमिका

अदा की है।

इन दिनों जिधर देखो उधर मीडिया द्वारा हर मामूली घटना को चमत्कार की तरह दिखाने की बहार है। कहीं गणेशजी दूध पी रहे हैं, कहीं नाग-नागिन की पूर्व जन्म छाप प्रेमी-प्रेमिका जोड़ी ग़ज़ब कर रही है तो कहीं एक नागिन साइकिल के नीचे आ गई बताई जाती है और वह एक बालक का इसलिए पीछा करती रहती है कि बदला ले सके! मीडिया भोलेपन से पूछता है कहीं यह नागिन उसकी पूर्व-प्रेमिका तो नहीं? कहीं एक लड़की नौ-दस दिन उपवास पर बिठाई जाती है। कहा जाने लगता है कि उस पर देवी आ गई है और मीडिया जुट जाता है। ख़बर बनती है। विवाद होने लगता है। चमत्कार का आइटम बिकने लगता है।

हो सकता है कि पुजारियों ने सिर्फ़ ऐसे ही किसी एक मामूली से कारण के लिए ऐसा किया हो और अब विवाद थमने पर अपने नाम को चर्चा में आया देख शहर में हुई प्रसिद्धि पर इतराएं।

कहने की ज़रूरत नहीं कि इन दिनों मीडिया के एक ठलुआ हिस्से में और बहुत से ठलुआ मस्तिष्कों के बीच मित्रता सी नज़र आती है। ग़रीबी के सवाल पर, महंगाई के सवाल पर, बिजली, पानी, स्वास्थ्य के सवाल पर कहीं कोई विवाद नहीं होता। दाम कितने बढ़ रहे हैं, इस पर मानो सब ओर मूक सहनशीलता बना दी गई है और ज़रा-ज़रा सी बात पर जनता की भावना भड़कती बताई जाने लगती है। विवाद होने लगते हैं। तलवारें निकल आती हैं और यहां तक कि दंगे-फ़साद तक की नौबत आने लगती है। पूरा मुल्क़, उसमें रहने वाला हर बाशिंदा अपने-अपने धर्म को लेकर ज़्यादा संवेदनशील नज़र आता है। भूख और रोज़गार की समस्याएं मानो सबके लिए सुलझ गई हों? मीडिया ने इसी तरह जनता के बीच जनहित विरोधी एजेंडा उसी का प्रिय एजेंडा बना डाला है। ज़रूरी बातों पर ग़ैर ज़रूरी चीज़ें हावी कर दी

गई हैं। जनता उसी में रमने लगी है। सच्चे धर्म की जगह धर्मभावना का स्टॉक मार्केट बढ़ाने का खेल चलता है। इन दिनों बांकेबिहारी जी की 'जींस-टी शर्ट, मोबाइली लीला तो एक आइटम हैः

'इब्तिदा ए इश्क़ है रोता है क्या

आगे आगे देखिए होता है क्या

ये पोस्टमॉडर्न भक्तकृत पोस्टमॉडर्न भगवानजी की लीला है प्यारे!

औरत और भगवान

कभी-कभी यह मुल्क मध्यकाल की ओर पलटी मारता दिखता है। एक ओर धर्म अरबों-खरबों का हाईटेक उद्योग बना है तो दूसरी ओर उसमें अजीब तरह की हास्यास्पद कट्टरता के तत्व बढ़े दिखते हैं। कट्टरता इन दिनों उसकी ब्रांड बनने की कहानी है। पहचान को पहले पक्का करो तब मार्केट करो। इसलिए भी कट्टरता बढ़ती है। ज़रा टीवी चैनलों पर तरह-तरह के स्वामियों और बाबाओं के प्रवचनों को, उनके आसनों को, आभामंडलों को, उनके वीडियो फ़िल्मांकन को, संपादन को, बेकग्राउंड संगीत, साउंड इफ़ैक्ट्स को देखिए तो आप पाएंगे कि वहां प्रवचनों को पॉपुलर बनाने के तौर-तरीक़ों पर ज़्यादा ज़ोर है। जिन बातों को कल तक दिखावा, आडंबर कहा जाता था, वे आज 'इन थिंग' है। यह स्वाभाविक है। ग्लोबलाइज़ेशन ने धर्म को, उसके प्रस्तुति के रूपों को बदला है, उसे पैकेज बना दिया है, ब्रांड बना दिया है। यहां अब डिमांड और सप्लाई का बाज़ारी नियम काम करता है जो इस स्पर्धा का निर्माण कर सकता है। वही उसका सफल मार्केट है।

इन दिनों धर्म के कट्टरता संबंधी तमाम उदाहरण धर्म के शुद्ध प्रबुद्ध किसी प्रकृत तत्व को खोजने की आकुलता से नहीं पैदा होते, बल्कि मार्केट में अपना स्पेस बनाने की छीन-झपट से पैदा होते हैं। कट्टरता का निर्माण स्पर्धाएं भी किया करती हैं। इन दिनों सबरीमला

में जयमाला के प्रवेश का उदाहरण इस बात को समझने के लिए काफ़ी है।

अठारह साल पहले एक युवती केरल के सबरीमला मंदिर में भगवानजी की मूर्ति के दर्शन करने गई। उसकी आत्मा ने उससे कहा होगा कि तू भी भगवत शरण में चली जा, तेरा रुका काम आसान करेंगे भगवान, उन्हें प्रसन्न कर। उसे एक पुजारी ने सहयोग दिया। किसी को कानोंकान ख़बर नहीं हुई। मंदिर का रख-रखाव करने वाले पुजारियों को भी नहीं पता था कि ऐसा हुआ है। फिर अठारह साल बाद उसकी आत्मा चेती। उसने एक पत्र लिखकर पुजारी महोदय को बताया कि वह भगवानजी के नज़दीक से दर्शन-चरण स्पर्श कर चुकी है। यह पाप उसने किया है, उसे भगवानजी माफ़ करें व आप लोग भी क्षमादान दें। आगे से यह ग़लती नहीं होगी। कहते हैं कि इस बीच मंदिर के देवता के बारे में एक ज्योतिषी ने बताया कि उस मूर्ति का आभामंडल कुछ कम होता जा रहा है, ज़रूर किसी रजस्वला स्त्री ने उनके दर्शन किए हैं। रजस्वला स्त्री दर्शन करे यह 'मना' है। देवता खंडित हो जाते हैं। वही हुआ है। मंदिर के मुख्य देवता की मानहानि हुई, धर्म पर कलंक लगा है, आस्था को चोट पहुंची, मगर यह सब तब हुआ जब जयमाला ने स्वयं बताया कि ऐसा हुआ है। जब उस स्त्री का हलफ़नामा मिल गया तो मंदिर ने कठोर लाइन ली। उनके प्रवक्ता ने कहा कि माफ़ी मांगने से क्या होता है हम तो क़ानूनी कार्रवाई करेंगे। अब बेचारी स्त्री, जो अभिनेत्री भी रही, रोने-गिड़गिड़ाने लगी। कहने लगी कि अपनी आत्मा की पुकार पर उसने माफ़ी मांगी है, उसे माफ़ किया जाए। लेकिन मंदिर प्रशासन बोला कि माफ़ी हरगिज़ नहीं, इसकी सजा बराबर मिलेगी।

इस तरह धर्म के नए बाज़ार की कहानी बनाई जाने लगी। इन दिनों टीवी चैनल सिर्फ़ बाज़ार बनाते हैं। वे इन दिनों सैक्स का बाज़ार

बनाते हैं, धर्म का बाज़ार भी सैक्स के बाज़ार की तरह बनाते हैं। लूट और हिंसा का बाज़ार भी वे उसी एक सनसनी वाले मुहावरे में बनाते हैं। वे धर्म सुधार की भावना नहीं जगाते, वे अंधता की महिमा को गाते-बजाते हैं। 'काल-कपाल महाकाल' तक करते हैं। एक चैनल केरल के वामपंथी मोर्चे के धर्म संबंधी मंत्रीजी के पास पहुंच गया। पूछा तो वे बोले कि सरकार धर्म के मामले में बीच में नहीं बोल सकती। जब पूछा गया कि यह सब जो हो रहा है, उसके बारे में उनका विचार क्या है तो वे बोले कि हो सकता है कि मंदिरों के बीच स्पर्धा हो चूंकि सबरीमला मंदिर सबसे पवित्रतम माना जाता है, अतः हो सकता है उसके बारे में ऐसी ख़बरें फैलाकर उसके दर्शनार्थियों को हतोत्साहित करने की कोशिश की जा रही हो। चैनल ने पूछा कि यह मामला तो स्त्री की बराबरी का है। मंत्रीजी बोले कि हम धार्मिक मामलों में दख़ल नहीं देते।

केरल के ही एक और राजराजेश्वरा मंदिर की ख़बर आ रही है कि वहां भी एक विधर्मी स्त्री मीरा जैस्मिन ने भगवानजी की मूर्ति के चुपके से दर्शन कर लिए, पाप हो गया। यह भी एक प्रसिद्ध मंदिर है। अब यह भी चर्चा में आ जाएगा, क्योंकि मीडिया अपने धर्मभीरु स्वभाव के कारण, मंदिरों की पवित्रता-अपवित्रता की लाइन तो दे रहा है, स्त्री के अधिकार की बात उतनी नहीं कर रहा, जितनी करनी चाहिए। उधर सरकार धर्म के बीच में बोलना ही नहीं चाहती। वामपंथी सरकार है, उसकी नज़र में धर्म एक सामुदायिक/निजी मामला है। राज्य को इन मामलों में नहीं बोलना चाहिए। यही सेकुलरिज़्म है। हम देख सकते हैं कि इस प्रसंग में सेकुलरिज़्म किंचित डरा-सहमा सा बोल रहा है। स्त्री के बराबरी के अधिकार की बात, उसकी पूजा की बात तो उठाई ही नहीं जा रही! यह वामपंथ की धार्मिक भावनाओं का दबाव भी कहा जा सकता है।

अगर इस तर्क़ से सभी चलें तो उस स्त्री का दर्शन करना भी सरकार से एक निर्णय लेने के लिए कहता ही है। सेक्यूलर का काम धर्म के मामले में ज़रूरत पड़ने पर हस्तक्षेप करना भी होता है। स्त्री अधिकार की बात करने के बाद यह जवाबदेही बढ़ जाती है कि सरकार उस स्त्री समाज के प्रति भेदभाव न होने दे, उसे प्रताड़ित न होने दे और इस तरह की वर्जनाओं पर पुनर्विचार के लिए पीड़ितों के बीच बहस चलाए, ताकि औरत भगवान के मंदिर से वंचित न रह जाए। धर्म के मसले धर्म के ठेकेदारों के पास नहीं छोड़े जा सकते। ख़ासकर तब जब ये ठेकेदार धर्म को धंधे की तरह चलाते हैं। यदि धर्म एक उद्योग है, जो कि वह बन चला है तो सरकार को बोलने का हर हक़ है। चुप रहना स्त्री की समानता के हक़ में नहीं जाता। सीपीएम ने तमिलनाडु में एक मंदिर में दलितों के प्रवेश को लेकर एक लंबा आंदोलन छेड़ा और उसमें सफलता भी मिली। तब क्या एक आंदोलन स्त्री के मंदिर प्रवेश, पूजा-पाठ पर नहीं छेड़ा जा सकता? क्या इसमें कोई सुधार नहीं किया जा सकता?

अजमेर शरीफ़ की व्यवस्था है कि वहां पहली सफ़ में इबादत के लिए औरतें नहीं आ सकतीं। कारण बस इतना है कि औरतों के आने से इबादत में बाधा पड़ती है। उधर स्त्री के प्रवेश मात्र से देवता खंडित होते हैं, इधर इबादत में बाधा पड़ती है। कारण है स्त्री सैक्स है और सैक्स मंदिर में वर्जित है। पुजारी लोगों पर औरत के होने का बुरा असर पड़ सकता है। उनकी पवित्रता खंडित हो सकती है। पत्थर की मूर्ति तक पर बुरा असर पड़ सकता है। इसलिए हे औरत तू मंदिर में मत आ।

यह वही रजस्वला होने का पुराना श्राप है, जिसमें औरतों को रजस्वला वाले दिनों में अपवित्र मानकर त्यज्य मान लिया जाता था और अब भी ऐसा ही माना जाता है, जबकि यह सारा चराचर यदि

भगवान ने बनाया है तो उसकी रचना में पवित्र-अपवित्र क्या? पवित्र-अपवित्र तो मानव की ईजाद है। मानव ईश्वर पर नियंत्रण किए है, उसका व्यवसाय करता है। यह सही है कि किसी को भी किसी की धार्मिक भावनाओं को छेड़ने का अधिकार नहीं दिया जा सकता, लेकिन धर्म के उदार और कट्टरपन के बीच बहस तो छेड़ी जा सकती है और उस स्पेस को बनाया जा सकता है, जो धर्म को सचमुच का समानता प्रिय क्षेत्र बनाए। भगवान की नज़र में तो सब समान ही बताए जाते हैं।

तब हे भगवान! ये बढ़ता हुआ भेदभाव क्यों?

चमत्कार को नमस्कार!

ग्यारह साल बाद भगवान जी ने फिर दूध पिया! चमत्कार हुआ। चमत्कार वही होता है जो रोज़-रोज़ नहीं होता। वह कभी-कभार होता है। पर सदियों में 'एकाध बार' भी वाली बात नहीं है। इन दिनों चमत्कारों की फ्रीक्वैंसी ज़रा तेज़ है। दस-ग्यारह साल में हो जाता है। रोज़-रोज़ हो सकता है। ग्यारह साल पहले सितंबर में हुआ था। गणेश जी ने दूध पिया था। भारत में ही नहीं पिया था। विदेशों में भी पिया था। दुग्ध लीला इंटरनेशनल थी। इस बार मामला नेशनल ही रहा। दो दिन तक रहा। दो दिन तक ख़बरें आती रहीं। भगवान जी की लीला टीवी चैनल दिखा रहे थे। अख़बार छाप रहे थे।

फिर बहस चल पड़ी। यह भी होना ही था। जब कुछ हो जाता है तो ज्ञानीजन बहस करने लगते हैं कि क्या हुआ? कैसे हुआ? क्यों हुआ? उचित है कि अनुचित है?

बहसों में अक्सर दो दल बन जाया करते हैं। ग्यारह साल पहले भी बने थे। अब फिर बने। एक कहता था मामला आस्था का है। दूसरा कहता था यह अंधविश्वास है। पहला कहने लगा कि भगवान कभी-कभी चमत्कार किया करते हैं। अपने भक्तों के लिए वे ऐसी लीलाएं करते रहते हैं। एक आर्य समाजी नेता ने बताया कि मूर्ति में कोई ईश्वर नहीं होता। दयानंद जी ने बहुत पहले सिद्ध किया था।

एक तर्कवादी सज्जन बोले कि नेहरू की मूर्ति तक को हमने दूध पिलाया है। कोई भी मूर्ति दूध पी सकती है। मामला 'सर्फ़ेस टेंशन' का है। मामला पत्थर में छोटे-छोटे सूराख़ों, नसों का है। मूर्ति हर दिन दूध पी सकती है। सामान्य पत्थर तक दूध पी सकता है। इसमें आस्था, श्रद्धा को लाना ठीक नहीं, तर्क संगत नहीं। एक चैनल में दिखाया कि मूर्ति को ऊपर से दूध पिलाया जा रहा है। वह नीचे बहते हुआ गड्ढे में जा रहा है... यानी मूर्ति दूध नहीं पी रही है। पीती दिखती है मगर दूध उसके पीने के बाद यथावत नीचे गिरता रहता है। तर्कशास्त्री ने कहा कि आप धातु की मूर्ति को दूध नहीं पिला सकते। वह सिर्फ़ पत्थर या संगमरमर की पी सकती है।

कलयुग में ये कलयुगी लोग हैं जो आस्था से मुंह मोड़ बैठे हैं। वे धर्म में अस्था नहीं रखते। जो आस्था नहीं रखता वह चमत्कार पर कैसे यक़ीन करेगा? जो यक़ीन करता है वही चमत्कार देख सकता है। आस्थावान ऐसा सोचते हैं कि भगवानजी ने ग्यारह साल बाद दूध पिया। गणेश जी को 'मोदक प्रिय' बताया गया है भक्तों की मानें तो इन दिनों भगवान गणेश लड्डू पसंद नहीं करते। वे दूध पसंद करते हैं। शिव भगवान जी को कभी दूध पीते नहीं सुना। वे तो नीलकंठ कहलाते हैं; उनका कंठ विषपान से नीला हुआ बताया जाता है। उनके भक्त धतूरा, विल्बपत्र आदि चढ़ाया करते हैं। इस बार भक्तों के आग्रह पर दूध पीते दिखे। यह एक नई लीला रही और भी नयापन देखने को मिला। भगवान विष्णु के बारे में पुराण कहते हैं कि वे क्षीर सागर में शेष शैया पर लेटे रहते हैं। चारों ओर क्षीर ही क्षीर होता है। दूध ही दूध होता है। भक्तों के आग्रह पर वे भी 'कलजुगी दूध' पीने लगे। श्रद्धा के आगे वे भी नतमस्तक हुए।

ग्यारह साल पहले अकेले गणेशजी ने दूध पिया था। इस बार दो चार और देवी देवताओं ने ग्रहण किया। अगले साल उम्मीद है

कि बाक़ी तैंतीस करोड़ देवताजन दूध पीते दिखेंगे। कहा गया है कि भगवान भक्त के वश में होते हैं। वे अपने भक्त के अनुसार रहते, काम करते हैं। भक्त असली होना चाहिए। कलयुग में समूचे उत्तर मध्य भारत के नगरों में इतने सारे सच्चे-भक्त निकल आए इसे देख राहत मिलती है। इस घोर कलयुग में इतने भक्त हैं तो वह दिन दूर नहीं जब चारों ओर सतयुग होगा!

भगवान कृष्ण ज़रूर दूध के दोस्त कहलाते हैं। माखन, दही आदि चुराने की लीलाएं बचपन में करते रहे हैं। ज़ाहिर है कि दूध, दही, माखन चुराने की लीलाएं वे तभी करते होंगे जब उन्हें या उनके ग्वाल बालों को घर में कम मिलता होगा। कृष्ण जन्माष्टमी गई है। भगवान कृष्ण को दूध पिलाने का सीज़न रहा। लेकिन कृष्ण भगवान को दूध पिलाने वाले भक्त इस लेखक को नज़र नहीं आए। सब कलयुग का परताप! यों तो भगवान जी ने सृष्टि बनाई, इंसान बनाए, यह जगत बनाया, जगत प्रपंच बनाया, सारे इंसान बनाए, पशु-पक्षी बनाए। लेकिन कलयुग में भक्तों ने भगवान को 'बनाया' है। भक्त जगह-जगह भगवान बनाते रहते हैं, श्रद्धा उमड़ी रहती है।

मुंबई में माहिम खाड़ी का पानी अल्लाह ताला की करामात से मीठा बताया जाने लगा। लोग उसे बोतल में बंद कर घर लाने लगे। पीने लगे जैसे गंगाजल हो, प्रशासन ने लाख कहा यह पानी स्वास्थ्य के लिए ख़तरनाक हो सकता है, प्रदूषित हो सकता है, नहीं पिएं। लेकिन लोग पीते रहे। ज़ाहिर है पीने योग्य पानी की कमी रही। वैज्ञानिक यहां भी जुटे बोले कि भाई बरसात में समुद्र के पानी का नमक ऊपरी सतह पर नहीं रहता। यह स्वाभाविक है। चमत्कार नहीं। भक्त बोले यह करामात है। ख़ुदाई करामात है।

करामात के या चमत्कार के मामले में हिंदू-मुसलमान एक तरह से सोचते हैं। यह जन-मनोविज्ञान है। उसके कारण है, लोग जब-जब

निराश होते हैं, परेशानियों से घिरे होते हैं, दुखों से पीड़ित होते हैं। वे भगवान का ख़ुदा का सहारा लेते हैं। यही उनके लिए 'धर्म की हानि' होती है। उनको लगता है कि इस संसार में जब न्याय, स्वास्थ्य, रोज़गार, वर, धंधा न मिले, मुक़द्दमे हार जाएं तब एक ही सहारा है भगवान जी! ख़ुदा, ईसा, गुरुजी। यह सामान्य आदमी का स्वभाव है। इसलिए वह अक्सर चमत्कार प्रिय होता है। चमत्कार उसे भगवान के होने का सबूत देते हैं। उसका डरा हुआ मन थोड़ी तसल्ली पाता है कि चलो भगवान तो है जो ग़रीब के काम आता है, मुसीबत में काम आता है। वह तर्क से दैनिक ऊपरी जीवन जीता है। आप ध्यान से देखें तो तर्क से ही भगवान जी की लीला का निर्माण किया करता है, भक्ति किया करता है। वह भगवान के चमत्कार की उम्मीद में ज़िंदा रहता है। चमत्कार नहीं होता। वे स्वयं को दोष देता है।

अन्यायी व्यवस्था को वह अपनी मुसीबतों का कारण नहीं मान पाता। तक़दीर को मानता है। तक़दीर भगवान बनाता है।

यह मध्यकालीन मानसिकता है। कबीर ने इस मानसिकता की ख़ूब ख़िल्ली उड़ाई है। दयानंद ने उड़ाई है, तर्कवादी उड़ाते हैं मगर आम जनता को अनंत धार्मिक चैनलों, बाबा लोग रोज़ कहते रहते हैं कि यह सब झूठ है 'आस्था' ठीक है, विश्वास ठीक है, विश्वास कब अंधविश्वास बन बैठता है, भोला विश्वासी नहीं जानता!

भगवान रोज़ हर मंदिर में लीला करते हैं, चमत्कार करते हैं, शंखनाद से सुबह-सवेरे जगाए जाते हैं। उनकी आरती उतारी जाती है। फिर रात को भगवान जी को सुलाया जाता है। हर भगवान जी का एक त्यौहार है। वह जम के मनाया जाता है।

भक्त हों या परम भक्त सब जानते हैं कि 'जन्नत की हक़ीक़त' क्या है? मगर वे एक 'भ्रम' एक फ़ेंटेसी एक स्वत्व लोग पूजा करते हैं जहां तक़लीफ़, समस्याएं दूर होती हैं।

सिस्टम तो समस्याएं दूर नहीं कर रहा। महंगाई बढ़ रही है, रोज़गार ख़त्म हो रहे हैं, लूट बढ़ रही है। ऐसे में किसका सहारा है। चमत्कार का, भक्त कलयुग में स्वयं प्रदर्शन प्रिय हो चला है। गोस्वामी तुलसीदास ने तो 'कलयुग के भक्तों' की कई 'विशेषताएं' बताई हैं। लेकिन जब से धर्म धर्म न रहकर एक बड़ा उद्योग बना है, उसका मार्केट बढ़ा है तब से चमत्कारों के आइटम बढ़ने लगे हैं। इससे मंदिरों की आमदनी बढ़ती है। जितना चमत्कारी है उतना चढ़ावा है।

भगवान ने कहीं नहीं कहा कि मेरे नाम से चढ़ावा चढ़ाओ! भावना, श्रद्धा, आदि के क्षेत्र में जन मनोविज्ञान के क्षेत्र हैं। जब तक समाज में कुछ है तब तक आदमी विश्वास-अंधविश्वास में जिएगा। जीवन स्थिति सुधार दीजिए। वह उतना चमत्कार प्रिय नहीं रह जाएगा।

बाज़ार और संस्कृति

एक टीवी चैनल पर उस शाम एक सीन प्रमुख ख़बरों में आया। सीन में रावण एक डांसर को अपनी गोद में लिए बैठा था। पीछे 'कजरारे कारे नैना' बज रहा था। थोड़ी देर उसकी गोद में प्रसन्नचित्त बैठी लड़की उठकर 'कजरारे कारे नैना' पर नाचने लगी। वह उसी तरह के उतने ही कपड़े पहने थी, जितने ऐसे डांस के लिए ज़रूरी होते हैं। जब वह 'बंटी बबली' की ऐश्वर्या की तरह एक ठुमका लगाने को थी तो रावण अपनी क़ुर्सी से उतरकर उसके संग उसी तरह के स्टेप्स लेकर नाचने लगा जिस तरह के स्टेप्स अमिताभ और अभिषेक नाचते हैं। रावण ने कन्या की पतली कमर में हाथ डाला और अपने भारी मेकअप और बड़ी मूंछों में हंसता हुआ नाचने लगा। वह एकदम मस्त हो रहा था। लड़की भी नाचने में आनंद ले रही थी कि अचानक टीवी वाले ने इसको 'कट' किया और एक बजरंग दल वाले से पूछा कि आपको यह कैसा लग रहा है, क्या यह अपसंस्कृति नहीं है? हरिद्वार जैसी धर्मप्राण नगरी में यह सब हो रहा है, वो भी रामलीला के नाम पर! आपको क्या कहना है? बजरंग दल के वे नेता बोलने लगे कि देखिए वहां हमारा कोई आदमी नहीं रहा होगा वरना हम उसे ज़रूर रोकते, हम ऐसा नहीं होने देते। रामलीला को रासलीला नहीं बनने देते। यह सब ग़लत हो रहा है। हम इस सबको रोकने के लिए आवाज़

उठाएंगे। हम जनतंत्र में यक़ीन करते हैं।

अब उस रामलीला के आयोजक की बारी थी। आयोजक क़तई परेशान नही था वह इस सबके बारे में इत्मीनान से बोला कि देखिए रामलीला अपनी जगह है और मनोरंजन अपनी जगह। जनता अगर मनोरंजन चाहती है तो हमें वह भी करना है। रामलीला भी करनी है। आयोजक ने जो कहा, वह संस्कृति का भी एक विमर्श था। जनता संस्कृति को उस तरह से नहीं लेती जिस तरह से बौद्धिकजन लिया करते हैं। वह उसे अपने मनोरंजन से जोड़कर देखती है। जनता से यहां अर्थ उस समाज समुदाय से है, जो अपने हिताहित के बारे में पर्याप्त बुद्धिमान, सावधान तो है लेकिन वह उस तरह का पेशेवर बुद्धिजीवी नहीं है, जिस तरह के बहुत पढ़े-लिखे होने का दावा करने वाले लोग होते हैं।

जैसा बजरंग दल वाले सज्जन सोच रहे थे वैसा ही हमारे पढ़े-लिखे कई लोग सोचा करते हैं। आप साहित्य संस्कृति के सेमिनारों में चले जाएं तो आपको ऐसे विचारक टिप्पणीकार मिल जाएंगे। जिस तरह से 'जनरुचि' बजरंग दल वाले तत्ववादी चिंतन से दूर रही, उसी तरह जनरुचि के बारे में एक प्रकार की घोर उपेक्षा का भाव पढ़े-लिखे विचारकों में मिलता है। यह एक प्रकार का एलीटिज़्म है। ज़ाहिर है कि पढ़े-लिखे ऐसे लोग बजरंगदलीय नहीं हैं। उनके विचार भी उदार और प्रगतिशील हो सकते हैं, लेकिन संस्कृति के मामलों में उनकी समझ में और तत्ववादी समझ में अंततः कोई बड़ा फ़र्क़ नज़र नहीं आता। क्यों? इसलिए कि दोनों ही संस्कृति को अपने हुक्म की गुलाम समझने के आदी हैं। तत्ववादी मानते हैं कि धर्मतत्ववाद वह खूंटा है, जिससे संस्कृति एक बार बंधी तो हमेशा के लिए बंध गई और ज़रा सी भी इधर-उधर हिले-डुले तो डंडी मार उसे खूंटे से फिर बांधा जा सकता है। उधर बुद्धिजीवी टाइप के लोग सोचते हैं कि यार संस्कृति तो हम

करते हैं, हमीं तय करते आए हैं कि जनता क्या करे क्या न करे? क्या पढ़े-लिखे? क्या देखे-सुने? अच्छी स्वस्थ संस्कृति देखे-सुने ताकि वह अच्छे संस्कार ग्रहण कर समाज की सेवा कर सके। चूंकि इन दिनों बाज़ारवाद ने संस्कृति को बिगाड़ दिया है, उसके शुद्ध-प्रबुद्ध रूप को ख़राब कर दिया है, दूषित-प्रदूषित कर दिया है इसलिए बेड़ा गर्क़ हो रहा है। हमीं तो बताते रहे हैं कि अच्छी संस्कृति क्या है? बुरी क्या है? ...आप स्वयं जानते हैं ऐसे विमर्शों का अंत कहीं नहीं होता। अंततः ऐसी बातें एक निराशावादी प्रलाप में बदल जाती हैं कि हाय अब क्या होगा? ये बाज़ारवाद तो आए चला जा रहा है? इसे रोका जाना चाहिए। इसके बाद जो विचार रेडिकलाया होता है तो वह बाज़ारवाद पर बरस पड़ता है। कभी जानने की ज़रूरत नहीं समझता कि जनता क्या चाहती है या चाहती रही है और क्या आप एक संस्कृतिकर्मी के रूप में उसे दे पाते हैं? जनता के लिए कला रचने के दावे करना फ़ैशन है लेकिन जनता की रुचि के बारे में कोई नहीं सोचता। पढ़े-लिखे लोगों द्वारा सृजित संस्कृति की सबसे बड़ी बीमारी यह है कि वे जितना ही जनता का नाम लेते जाते हैं, उतना ही ऐलीटिस्ट बनते जाते हैं और जनता से दूर होते जाते हैं। जनता का नामजप उनके लिए एक ढाल की तरह होता है। आयोजक ने साफ़ कहा कि जनता मनोरंजन चाहती है। यह अलग बात है कि मनोरंजन के नाम पर उसमें एक डांस गर्ल नचा दी और रावण से ठुमका लगवा दिया। लेकिन उसके इस कृत्य पर किसी ने प्रतिक्रिया में कुछ ऐसा नहीं किया कि यह सब बंद करना पड़ता। देश में पता नहीं कितनी रामलीलाएं होती होंगी, कितनी दुर्गापूजाएं होती होंगी। कोई आकलन नहीं मिलता। अगर कोई कामचलाऊ अनुमान लगाया जाए तो कहा जा सकता है कि हर बड़े गांव में कम से कम एक रामलीला अवश्य होती है और यदि हिंदी क्षेत्रों में इन गांवों की संख्या पचास हज़ार भी हो तो इतनी रामलीलाएं

लगा लीजिए कि होती होंगी। उसके बाद बी ग्रेड के नगर जिनकी आबादी दस लाख से पचास साठ लाख तक है, उनको काउंट कर लें। उनके मुहल्लों को काउंट कर लें और हिसाब लगाएं कि कितनी रामलीलाएं होती होंगी। छोटी-बड़ी ये लीलाएं कम से कम पचास हज़ार तो हो जाती होंगी। अकेले दिल्ली में ही सैकड़ों रामलीलाएं होती हैं। बड़ी लीलाएं चर्चा में रहती हैं, छोटी नहीं नज़र आतीं। आए तो मालूम पड़े कि बड़े-छोटे मझोले नगरों में, बड़े-छोटे गांवों में रामलीलाओं की संख्या कम से कम डेढ़-दो लाख बैठेगी। यदि एक रामलीला का औसत बजट पचास हज़ार से एक लाख तक मान लिया जाए तो आप स्वयं सोचें कि यह कितनी बड़ी आर्थिक प्रक्रिया होगी? दिल्ली, मुंबई, लखनऊ, पटना, कानपुर, इंदौर, भोपाल की कई रामलीलाओं के बजट एक करोड़ तक छूने लगे हैं। आप हिसाब लगाएं और बताएं कि यह सब एक बड़ा सांस्कृतिक उद्यम अगर है तो वह किस शुद्ध संस्कृति के रूप में महदूद रह सकता है। जनता अपनी रुचि का प्रवेश करके संस्कृति को अपना बनाया करती है, उपभोक्ता उपभोग करके सांस्कृतिक उपादान को अपनाता है, न कि देख-देखकर मात्र सराह करके बनाता है। जनहित एक उपभोगात्मक मूल्य है। यहीं जनता का हस्तक्षेप रहा करता है। ऐसे उत्सव नए सिरे से पढ़े जाने योग्य हैं। हिंदी वाले विद्वानों के पास उत्सवों को 'रीड' करने की वैसी क्षमता नहीं है, जो ऐसे उत्सवों को रीड करने के लिए चाहिए। पश्चिम में एक संस्कृति और भाषा चिंतक बाख़्तिन ने काफ़ी पहले उत्सवों का अपने ढंग से अध्ययन किया। उन्होंने योरपीय कार्निवाल कल्चर का अध्ययन किया और पाया कि इनमें उपजने वाला हंसी-ठट्ठा और उपभोग के विविध स्तर जनता के वे हस्तक्षेप होते हैं, जिनके ज़रिए जनता संस्कृति का उपभोग करते हुए अपना बनाती है। यही क्षण होते हैं जहां संस्कृति दुहरी-तिहरी परिभाषा रखने लगती है, व्याख्या के लिए खुल जाती है। अपना समाज

तो कार्निवालवादी समाज है। उत्सव, मेले-ठेलों, का समाज है। जनता उनमें अपने ढंग से हिस्सा लेकर आनंद प्राप्त करती है। आनंद प्राप्त करना अपराध कहां है? किस जगह लिखा है भई? और जनता आनंद की बात करती है तो क्या ग़लत करती है? अगर रावण की गोद में कजरारे हो रहा है तो क्या? रावण तो उपभोक्ता संस्कृति का प्रतीक है ही। उसके संग ऐसे डांस एकदम 'सिंक' में आते हैं। 'कजरारे कारे' के संग रावण हमें ज़्यादा सुहाना लगा। पता नहीं क्यों रावण इन दिनों ज़्यादा फुटेज़ लगता है, कवरेज लेता है। इस पर विद्वान विचार करें कि ऐसा क्यों है?

रामलीला—वीआईपी लीला

रामलीला हो रही है। मंच पर राम लक्ष्मण सीता को वनवास गमन करते देख, सामने की सीट पर बैठा वीआईपी दूसरे वीआईपी से कुछ कहता है। दूसरा वीआईपी रहस्यमय मुस्कान फेंकता है। वनगमन को जाते राम लक्षण जी वीआईपी जोड़ी को बैठा देख अपना जन्म धन्य समझते हैं। अब राम जी के मुरादाबाद वाले घर में पूरा राशन आ सकेगा। लक्ष्मण जी का छोटा भाई मेडिकल कॉलेज में जा सकेगा।

रामलीला हो रही है। मंच पर राम लक्ष्मण सीता सब आते जाते रहते हैं। गायक वादक गाते रहते हैं। मगर उनकी नज़र वीआईपी की नज़र पकड़ने में लगी रहती है। वे डायलॉग भूल जाते हैं। संगीत मास्टर ज़ोर का हारमोनियम लगाकर राधेश्याम कथा वाचक की रामायण में फ़िल्मी धुन घुसेड़कर गाता हैः झलक दिखलाजा हनुमान आजा आजा आजा! हनुमान जी पर्दे के पीछे एंट्री के लिए तैयार खड़े हैं। उन्हें गर्मी लग रही है।

भारत लीला भूमि है। तरह-तरह के लीला पुरुष अवतरित हुए हैं। कृष्ण राम तो फ़ेमस हैं। उनकी लीलाओं में इन दिनों वीआईपी लीला का रीमिक्स चलाया जा रहा है।

रामलीलाओं के आयोजक चाहते हैं कि लीला में दो मिनट के लिए वीआईपी आएं। दिल्ली शहर वीआईपी जनों का शहर है। नज़र

उठाओ तो पांच वीआईपी निकलते हैं। वीआईपी वीआईपी से उसी तरह कनैक्टेड होता है जिस तरह हच या एयरटैल आदमी को कनैक्ट करते हैं। वीआईपी के आजू-बाज़ू पचास मिनी वीआईपी होते हैं। ये सब लीला पुरुष होते हैं, रामलीला होते ही वे पूछते हैं: कब एंट्री लें। आयोजक कहते हैं: साब नौ बजे का टाइम ठीक है तभी क्राउड होता है। रामजी क्राउड खींचते हैं। वीआईपी क्राउड को दर्शन देता है। रामजी को भी दर्शन देता है। रामजी के दर्शन कौन करे? अरे वे तो हमारे दिल में रहते हैं।

रामजी ख़ुद ही वीआईपी का इंतज़ार करते हैं। पिछले साल जब तक रामलीला मैदान में महान वीआईपी जन नहीं पहुंचे रामजी और लक्ष्मण जी अपने धनुष बाण लेकर रावण मेघनाथ कुंभकर्ण के पुतलों के फ़ालतू चक्कर मारते रहे। फिर वीआईपी और उनके भक्त रामजी के भक्तों से ज़्यादा थे। कोई चांदी का धनुष देता था, कोई गदा कोई विराट फूलमाला। वीआईपी पुलकित होते। टीवी वाले उनका संदर्भ वर्णन करने में रीतिकालीन कवियों को मीलों पीछे छोड़ते दिखते। तब आयोजक उनके कार्यक्रमों में चांदी का धनुष देते। तीर देते। वीआईपी जी उसे खींचकर चलाते हैं। तीर चलता नहीं। वहीं गिर जाता है। वीआईपी जी को शर्म जैसी चीज़ नहीं आती। वह तो कभी नहीं आती।

रामजी उन्हें देख रहे हैं। लक्ष्मण जी उन्हें देख रहे हैं। स्वर्ग लोक से इंद्र भगवान समेत सब देवी देवता देख रहे हैं कि ये भगवान को क्या हुआ है? हनुमान क्यों युद्ध नहीं कर रहे? लीला में रुकावट है? रुकावट है तो खेद क्यों नहीं है? स्वर्गलोक में भी ख़लबली मच जाती है। सम थिंग रौंग विद रामजी, वे अपने चीफ़ विष्णु जी तक जाते हैं। कहते हैं महाराज ये क्या हो रहा है? राम रावण का वध क्यों नहीं कर रहे? मुहूर्त टल क्यों रहा है? हम दो घंटे से हाथ में शंख और फूल मालाएं लिए खड़े हैं कि कब राम रावण वध करें, सदा

की तरह हम पुष्प वर्षा करें और अपने अपने काम पर जाएं? समाधान करें महाराज!

भगवान विष्णु जी भी परेशान ठहरे! बोलेः हे देवताओं तुम्हारी चिंता उचित है। यही मेरी भी चिंता है। मैंने अपने दूत भेजे हैं। वे ख़बर भेजते होंगे। वेट करो। देखता हूं ई-मेल आया कि नहीं।

उधर से ई-मेल था, राम ने लिखा था—सर! अभी तक राम रावण, मेघनाद, कुंभकर्ण आदि राक्षसों के पुतलों का संहार करते थे अब तो मंच पर, सामने की कुर्सियों में कई-कई रावण, कुंभकर्ण मेघनाद बैठे नज़र आते हैं। किसी-किस पर तीर चलाएं महाराज! और तो और आयोजक ने हमारा धनुष बाण तक उन्हें सौंप दिया है। आप ही सलाह दें कि क्या करें? भगवान विष्णु जी ऐसे में क्या व्यवस्था है? इस पर विचार करने के लिए तुरंत ब्रह्माजी के पास चले गए। वे अब अगले साल ही लौटेंगे।

झप्पी वाली हैप्पी होली

होली उसकी जो रंग डाल सके, डलवा सके। होली उसकी जो हुरहारा हो। मस्त हो। बिंदास हो। जिसकी तबियत में थोड़ा रंग रस हो। भंग रस हो। तरंग रस हो। होली बच्चे मनाते हैं। युवक-युवती मनाते हैं। वृद्ध तक मनाते हैं।

होली ऐसी मौज की लहर है। होली उसके लिए मौक़ा भर है, साल में एक दिन का मौक़ा। आप चाहें तो उसे पूरे साल मनाएं। आप चाहें तो नंद गांव बरसाने की तरह पंद्रह दिन पहले से ही मनाना चालू कर दें।

हर आदमी का अपना नंदगांव होता है। एक बरसाना होता है, हो सकता है।

दिल्ली जैसे सीमेंट और लोहे के शहर में भी हर मुहल्ले में नंदगांव बरसाना सभव है। हर होली कहती है कि बना सकता है तो बना ले बरसाना, मनाले होली। होली को इसलिए सबसे ज़्यादा बच्चे और युवा मनाते हैं क्योंकि वही जगत है, अकेला-थकेला नहीं है।

युवाओं ने होली मिलन का आयोजन किया, वे एक दूसरे के साथ प्यार की झप्पी-पप्फी पा रहे हैं।

गाना ज़ोरों से बज रहा है। एक के बाद एक गाना बजता है।

धूम मचाले धूम मचाले धूम...

चक दे फट्टे चक दे फट्टे...

बालवृंद क्रेज़ी होकर नाच रहे हैं। वे सबसे आगे हैं, ऊपर से किसी बच्चे ने बाल्टी भर कर पानी फेंक दिया। बच्चे ख़ुशी से चीख़ कर दोगुने वेग से नाचने लगते हैं।

कॉलोनी में होली हो रही है। सब घुलमिल गए हैं। हल्की ठंडी हवा है। पानी ठंडक बढ़ाता है लेकिन बच्चों को होली मिल गई है। युवा लोग भी जुट रहे हैं।

गाने की बीट बदस्तूर जारी है।

और लगता है: बीड़ी जलाइले...

कि उल्लास की सीटियां बज उठती हैं।

जिगर से बीड़ी जलाने वाली बिपाशा की तरह सब लहराने लगते हैं।

यह होली मन रही है। जगह-जगह का सीन है। क़स्बों में ज़रा रफ़ टफ़ हो जाती है। उतना गाना नहीं होता जितना कि रंगपानी होता है। अबीर ग़ुलाल होता है।

सब होली खेल रहे हैं। फिर वे टोली बनाकर निकल पड़ते हैं। बरसाने में लठमार होली होती है। दिल्ली में गुब्बारे मार होने लगी है। पानी का गुब्बारा सही लगे तो पत्थर की तरह लगता है।

होली ने देखते-देखते सबके चेहरे बेपहचान कर दिए। नीले, काले, लाल, पीले, बैंजनी, हरे चेहरे लिए लड़के, लड़कियां अपनी-अपनी होली मना रहे हैं। जगह-जगह ऐसा हो रहा है, दिल्ली में हर मौक़ा इसी तरह गुज़रता है। कहीं नहीं गुज़रता। जहां कहीं भी बरसाना भाव बनता है, वहीं होली हो उठती है। हर मौक़ा नाच गाने का होता है और होली तो फिर होली है।

अपनी होली डॉट कॉम चालू है। भंग डॉट कॉम हिट होली साइट है। बाल, वृद्ध, युवा अपनी होली इसी तरह मनाते हैं। वह बहुत टंट

घंट में नहीं पड़ते। क़ायदे क़ानून नहीं जानते। एक-दूसरे से जादू की झप्पी-पप्पी लेते देते हैं। बच्चे बड़े सब एक-दूसरे के गले मिलते हैं। धरती के स्पेस और साइबर स्पेस में सर्वत्र होली हो रही है। वहां रंग डाल दिए गए हैं। ऑरकुट संप्रदाय पता नहीं, किस-किस से कहां-कहां होली खेल रहा है। यह शेरो-शायरी की होली है। एकदम बिंदास, आज़ाद और मस्त। यहां कोई प्रतिबंध नहीं है। सब कुछ कहा जा रहा है। युवाओं का नया स्पेस पहले से ही होलीमय रहता है। होली पर तो सब क्रेज़ी-क्रेज़ी होने लगता है।

एडवांस होली मोबाइली एसएमएसी होली है। बंदों ने मोबाइल भर दिए हैं। दे दना-दन मैसेजिंग कर रहे हैं। आप मनाएं न मनाएं, आपको हैप्पी होली कहने वालों की कमी नहीं।

इस 'होली से उस होली। लेनी न पड़े गोली' तक की शायरी घुसी पड़ी है। 'होली लेना गोली मत लेना' कहा जा रहा है।

फ़िल्म का एक गाना लगा दिया गया है—रंग बरसे भीगे चुनरवाली रंग बरसे...।

आपकी ज़िंदगी में रंगों की बौछार रहे। आपका ये बरस रंगों से भरा रहे। सतरंग रहे। कहा जा रहा है। हच वाला पता नहीं क्यों हुरिया रहे हैं। जबकि हच वोडाफ़ोन के हवाले हो गया है। उधर हर कंपनी अपना होली आइडिया लेकर हाज़िर हो रही हैं। कैंपस वाली होली असली होती है। बो तीन दिन पहले से कैंपसों में होली का रंग चढ़ जाता है। तो दो तीन दिन बाद उतरता है। कॉलेजों में प्रिंसीपल लोग परेशान होकर कॉलेजों की एक दिन पहले छुट्टी कर दिया करते थे लेकिन मनाने वाले कहां मानने वाले।

हॉस्टल वाले कहां मानने वाले। वे जम के मनाते रहते हैं। लड़के-लड़कियां एक दूसरे के चेहरों पर पता नहीं किस-किस तरह के रंग पोत देते हैं कि चेहरों का उन्हें ख़ुद पता नहीं चलता।

अति पहचानवादी इस समय में थोड़ी देर को बे-पहचान बना देना, होली के रंगों का अपना करिश्मा है। यह अद्‌भुत रंग योजना है जो एक जैसे बन चले चेहरों का मेकअप बिगाड़कर एक विद्रूप रूप बनाकर नए चेहरे को बनाने के लिए विकल करती है। यही होली का फ़ूहड़मस्ती भदेस में भी बड़ा मूल्य होता है। भाव होता है कि उस दिन आप फ़ॉर्मल नहीं रहते।

होली में भंग की गोली का रिवाज़ कम हो गया है। बोतल का रिवाज़ बढ़ गया है। युवाओं में बोतल का रिवाज़ ज़्यादा दिखता है और इसलिए कई दिनों पहले ही दुकानें बंद कर दी जाती हैं।

इतनी बड़ी दिल्ली है। इतने नौजवान हैं लेकिन होली पर थोड़ी छेड़खानी का लाइसेंस मिल जाता है।

नौजवानों को होली की कहानी शायद ही मालूम हो। उन्हें कहानी से क्या मतलब। उन्हें तो मनाने से, नाचने गाने से मतलब।

आप लाख अपना सर पीटें मगर उनकी होली उसी तरह मनती है, जिस तरह मन सकती है।

महानगर की होली इसी तरह हो सकती है। अबीर, पानी भरे गुब्बारे, रंगों की होली ही हो सकती है। धुलेंड़ी की राख से नहीं हो सकती।

जेनरेशन नेक्स्ट के हुरिहारे कारों, मोटर साइकिलों पर निकलते हैं और अपने यार दोस्तों से मिलते जाते हैं।

पिएले होते हैं। नहीं भी होते तो पिएले लगते हैं। क्रेज़ी होते हैं। वे होली के दिन ज़रा ज़्यादा रफ़्तार में होते हैं। कहीं-कहीं ईगो के झगड़े भी दिख जाते हैं। ज़ाहिर है, इनमें होली भाव अधूरा आया है। होली में ईगो को ही तो रंगा जाता है। होली ईगो को गलाने का त्यौहार है। ईगो मनाने का नहीं। उसकी होली क्या होली जो अपना ईगो नहीं तोड़ पाया। होली इस ईगोबाज़ी के ही विपरीत है। यह

तो ईगो का सरेंडर है। एक क्षण है, जिसमें आदमी अपना लबादा उतारकर हल्का-फुल्का हो जाता है। जादू की झप्पी मारता है।

मुन्नाभाई एमबीबीएस की 'जादू की झप्पी' में होली का भाव है जिसे एक युवा ने ही बनाया और आज के दिन यही भाव जंचता है। बाक़ी दिन आप अकड़-धकड़ करते रहें। कोई बात नहीं लेकिन एक दिन तो निकाल लें, जब आप अपने अहंकार से बाहर आकर सामान्य हो जाएं। लाख रुपए की थैरेपी है, यह आज़मा कर देखें। इस मानी में होली 'होलीगीरी' का त्यौहार है।

रेडियो की होली, चैनलों की होली अलग-अलग है। अख़बारों की अलग है। रेडियो अपने हिट गानों से होली मनाते हैं। एफ़एम गोल्ड आज के दिन सुनना चाहिए। वहीं आपको होली के असल गाने मिल सकते हैं। बेहद पुराने पचास-साठ के दशक वाले 'होरी आई रे कन्हाई रंग छलके, सुना दे ज़रा बांसुरी...' से लेकर 'नवरंग' का 'अरे जा रे हट नटखट, ना छू रे मेरा घूंघट पलट के दूंगी आज तुझे गारी रे...' वाले एक से एक मस्त गाने या 'आज न छोड़ेंगे बस हमजोली खेलेंगे हम होली, खेलेंगे हम होली...' वाली मस्त थिरकन पैदा करने वाली धुनें सुननी हों तो गोल्ड पर सुनें वर्ना मिर्ची पर नवेद की होली सुनें, कहीं सिमरन की सुनें और कहीं नितिन की होली का धमाल सुनें। ये कानों से होली खेलने वाले ठहरे। युवा पीढ़ी के प्यारे, वे पूरे दिन होली सुनाएंगे, महानगर की होली।

बाज़ारों में होली का रंग बिखरा पड़ा है। प्लास्टिक की थैलियों में बंद हैं रंग! प्लास्टिक की पिचकारियां हैं। अबीर की ढेरियां हैं। बच्चे जम के खेलते हैं। बुरा हो प्रशासन का, आज के दिन भी रंग में बदरंग करता है। कहता है होली ऐसे न खेलना, वैसे न खेलना। जैसे पब्लिक को मालूम न हो कि कैसे खेलते हैं। प्रशासन की इस तरह की हरकत होली के मूड को बिगाड़ने वाली होती है। बहुत से

लोग इसलिए होली नहीं खेल पाते, वे डर जाते हैं कि कहीं रंग से एलर्जी न हो जाए। प्रशासन रंग बनाने वाली कंपनी को कभी नहीं कसता कि ऐसा रंग न बनाएं जो एलर्जी कर दे और जो ऐसा करेगा तो उसे दंड मिलेगा। हां, वह नागरिकों को 'हाउ नॉट टू सेलिबरेट होली' का किट देता रहता है पब्लिक के खेल में जब भी प्रशासन कूदता है, मज़ा ख़राब करके रहता है।

चाहे महानगर हों या उपनगर, होली को जलाने की परंपरा अभी मरी नहीं है। आसपास के पेड़-पौधे काटकर, जलावन की लकड़ी ख़रीदकर चौराहों, सड़कों पर होली जलाई ही जाती है। पुरानी पीढ़ी की औरतें होली के हस्बेमामूल कर्मकांड करती हैं। पूरा पूजा पाठ हो न हो, लेकिन इतना तो होता है, भले उसकी राख से धूल न खेलें लेकिन रंग सब खेलते हैं। घर में नमकीन पापड़ पकौड़े गुझिया कम बनती हैं। औरतों ने खटना छोड़ दिया है। अच्छा किया है। ये सब बाज़ार से आ जाता है।

युवाओं की होली रंग पानी की है, धूल की कमी है। धुलेंडी अब किताबों में पंचांगों में होती है। कोई नया बालक धुलेंडी का मतलब तक नहीं जानता। मतलब से मतलब न हो मगर एक्शन से मतलब है। होली ऐसा ही मस्त, रसीला, बिंदास एक्शन है। वह आज़ादी का पल है। बराबरी का मौक़ा है, विद्रूप का मूल्य है। आइए रंग लगाएं, लगवाएं।

पचास-पचपन करोड़ बाल-युवाजन जब होली मनाते हैं तो ज़माने की मनहूसियत कुछ कम तो होती है।

देसी कार्निवाल होलीश्क

होली शुद्ध बिंदास इवेंट है। बिंदास होगा सो 'होलीश्क' करेगा। भाषाचिंतक मिखाइल बाख़्तिन हिंदी में हुए होते तो अपने प्रख्यात निबंध 'कार्नीवालेस्क' लिखने की जगह 'होलीस्क' लिखते और बताते कि किस तरह होली में मस्ती का स्पेस एक जनतांत्रिक स्पेस बनता है, और किस तरह उसमें टेसू के फूल और रंग बराबरी में बोला करते हैं।

'होलीस्क' को अंग्रेज़ी में न पढ़िए। बिंदास हिंदी में 'होलीश्क' की तरह बांचिए। 'होलीश्क' यानी 'होली से इश्क़'। उदास क्या जानें 'हैप्पी होलीश्क' का रंग। मिक्सिंग के बिना भाषा का रस नहीं बनता। हिंदी में होली मौसम की तरह है। उसे आना ही आना है। जैसे टेसू को कहीं भी हो खिलना ही खिलना है। और हिंदी में भी यह ब्रज के मूड का रंग है। ब्रज की रज में ही कुछ ऐसा है कि रज कब रस बन जाए, रस बरसने लगे, कुछ पता नहीं चलता।

बिंदास कवि नज़ीर अकबराबादी होली के हीरो 'रास रचैया के बांकपन' पर इतने फ़िदा रहते थे कि एक के बाद एक उन्होंने तेरह होलियां लिखीं। हर होली पर एक होली नियम से कही। एक से एक कही। उनकी कविता का अधिकांश होली के मूड का है। अंग्रेज़ी में होली ज़रा मुश्किल से ही लिखी जाती है। अंग्रेज़ी बोलने वाले खेलते तो हैं, लेकिन उसे जब व्यक्त करते हैं तो प्राइवेट हिंदी में। अनुभव

और भाषा के बीच ऐसी हिचक हिंदी में नहीं है। यही मातृभाषा की ताक़त है कि आप कुछ काम सिर्फ़ उसमें ही कर पाते हैं, दूसरी भाषा में उस मस्ती के साथ नहीं कर पाते।

मस्ती का ट्रांसलेशन बड़ा मुश्किल होता है। हिंदी ने अपनी गोरी बहन अंग्रेज़ी की इस मुश्किल को देखा तो उसका आसान हल भी दे दिया। उसे 'हैप्पी होली' कहकर उसके गोरे गाल पर हिंदी का रंग लगा दिया। होली 'हैप्पी होली' हो गई है। हिंदी से दोस्ती कर अंग्रेज़ी में 'हैप्पी होली' कहना-कहलाना शुरू हो गया है। यह हैप्पी हिंदी की अपनी स्टाइल है। हैप्पी होली अब हिंदी का अपना शब्द लगता है। हिंदी की आदत के अनुसार ज्यों का त्यों अपना बना लिया है 'शुभ होली' कहना जंचता नहीं। 'हैप्पी होली' जमता है। डबल 'ह' की शब्द-मैत्री का मज़ा दो भाषाओं के दो शब्दों के 'होलीश्क' से है। हिंदी के चिर-अनहैप्पी जन पीकर भी अनहैप्पी बने रहते हैं।

पुराने सारे कवि होली को एक बिंदास इवेंट की तरह लेते हैं और उसको एक अनिवार्य पॉपुलर संदर्भ बनाकर छंद लिखते आए हैं। समकालीन कवि परंपरा के बिना आधुनिक हो गए हैं, वे होली भाव को साहित्य में वर्जित मानते हैं। गंभीरता का साइंड्रोम उन्हें भीतर ही भीतर खाए जाता है। मुहल्ले में होली होती है, घर में बाल-बच्चे मस्त होकर खेलते हैं, लेकिन कवि उदास होकर चिंतन बैठक करता है। घर में बीवी कहती है कि यार आज के दिन तो अपनी मनहूसियत उतारो। कहीं चले ही जाओ। लेकिन हिंदी का कवि रंग से डरता है।

केदार ने लिखा कि 'फूल नहीं रंग बोलते हैं' लेकिन हिंदी का नया कवि मन की मनहूसियत और तन की तनहूसियत के बीच आत्मसंघर्ष करता पाया जाता है और जन की जनहूसियत को जनसंघर्ष कहता रहता है। हिंदी की कविता एक सिक कविता है। सिक इंडस्ट्री तो सरकार ले लेती है यह ऐसा ग़ैर उद्यमी निजी क्षेत्र है, जिसका अब

कुछ नहीं किया जा सकता। उसमें अनेक मनोरोग विचरते हैं, उसे तुरंत अस्पताल चाहिए या एक ठो होली की गोली चाहिए। होली भाव के लिए थोड़ा 'ब्रजभाव' चाहिए। ब्रज की रज चाहिए, ब्रजी का रस चाहिए। ब्रज के रसियों का रस बरसाना ही बरसाना है। बरसाना बरसाने वालों से बना होगा। एक क्रियापद संज्ञा बन गया। रस बरसेगा तो 'बरसना' बनेगा। बरसाना बनेगा तो होली का रस बरसेगा। हिंदी में एक बरसाना हरेक को चाहिए। बरसाना यानी परम बिंदास भाव। युवा महानगर पीढ़ी में शायद ही कोई जानता हो कि प्रहलाद कौन था? होलिका, उसकी बुआ ने उसे अपनी गोद में बिठाकर जलाने का उपक्रम किया था पर होलिका जल मरी और प्रहलाद अक्षत निकल आया। प्रहलाद के बचने की ख़ुशी में शायद पहली होली मनाई गई हो। लेकिन होली है और हर बार है आज भी कहीं न कहीं होलिका के ज्वलन भाव का दहन होता रहता है। कहीं-कहीं रोल बदल गए हैं। आज के कथित भक्त प्रहलाद ख़ुद होलिका बनकर वैलेन्टाइन रूपी नए प्रहलादों पर हमले करते रहते हैं। 'निःशब्द' के पोस्टर जलाने का उपक्रम करते रहते हैं। ज़ाहिर है कि उनमें होली-भाव नहीं है।

होली-भाव का होना जनतंत्र का होना है। सहने और साथ-साथ रहने-बहने की आदत का होना है। मस्ती उसका स्थायी है। रस उसका आनंद है। यही 'होलीश्क' है। यह अपना देसी 'कार्निवालस्क' है। होली ओढ़ी-बिछाई जा रही है। टीवी में होली एकदम सहज है और हर दिन है। हर घड़ी है। कुछ चैनल तो तीन सौ पैंसठ दिन होली भाव में ही रहते हैं। मस्त नज़र आते हैं।

होली फ़िल्मी गानों में है। पहले वह गानों में बड़ा दूर नज़र आती थीं। अब वह मुहल्लों में मंच बन उठी है और मंच बनकर उसी तरह डांस करती होली मनाती नज़र आती है कि जिस तरह 'नवरंग' फ़िल्म में 'अरे आ रे हट नटखट' में संध्या अपने मशहूर डांस में नज़र आई

थी। वही डांस, वही लंबे सेमी क्लासिकल गायन के टुकड़े और नाच।

टीवी पर आने वाले गाने होली के विविध रूपों को दिखाते हैं। अब के गाने होली के नहीं होते। फ़िल्मों में अब होली 'सांग सिचुएशन' नहीं बनती। अब होली सिचुएशन नहीं देती। वह स्वयं सर्वत्र सिचुएट करने लगी है। होली के आइटम की जगह राखी सावंत और बिपाशा के आइटम ही उसकी सिचुएशन बन जाते हैं।

यह एकदम डीजे होली है। आरजे होली है। मंच सजा है। पीछे डेक बज रहा है। डीजे कैसेट बदलता जा रहा है और युवक-युवतियां नाच रहे हैं... गानो में गाने मिक्स हो गए हैं। होली का गाना एक नहीं है। होली का भाव सब में है। मस्ती है और वह किसी गाने में उतर सकता है।

एक ग्लोबल साइबर स्पेसी होली इंटरनेट पर है। ऑरकुट पर है। तमाम स्पेस और साइबर स्पेस उससे भरा है। सब युवा एक-दूसरे से रोमन में अपनी हिंदी में हैप्पी होली कह रहे हैं। हैप्पी हो रहे हैं और पप्पी की डिमांड कर रहे हैं।

होली का स्टॉक अन्य तमाम त्यौहारों से क्यों सजाया है? दीवाली उतनी मुक्त नहीं लगती। उसमें आदमी नफ़े-नुक़सान का हिसाबी किताबी बना रहता है। हिसाबी किताबी बिंदास नहीं होता। होली के लिए बिंदास भाव ज़रूरी है।

नया साल कुछ देर के लिए मुक्ति के क्षण देता है। मगर होली अगले साल के कार्यक्रम की कल्पना करने में भी हिसाब किताब आ जाता है। कैलेंडर की तारीख़ें भरना देखना सारा मज़ा किरकिरा कर देता है। होली मगर सचमुच एक होलसेली वातावरण है। पंद्रह दिन आगे-पीछे एक मूड की तरह तारी रहती है और बनी रहती है।

इस व्याप्ति की, स्वीकृति के सामाजिक कारण हैं। इतनी बे रौनक ज़िंदगी में इतने रंग किस तरह से फैल गए हैं? क्या इसलिए कि ज़िंदगी

जितनी बेरंग और बेमानी होगी, उतने ही रंग उसकी कल्पना के होंगे। मानी होंगे। ज़िंदगी में होली उन सब रंगों को एक बार लौटाने का उद्यम है जो इस बीच खो गए हैं। गिर गए हैं। उड़ गए हैं। होली ज़िंदगी का नेरोलेक पेंट है। बर्ज़र पेंट है। कैमलिन की वह बिंदी है जिसे एक बार माथे पर लगा लो तो कोई छुड़ा नहीं सकता। होली एक मिज़ाज है। एक मूड है। एक वातावरण है। मौसम है।

होली रंगों का रूप धरना है। इस मानी में होली एक रचनात्मक त्यौहार है। वह रूपंकर कला की तरह है क्योंकि वह रंग का सार्वजनिक मंचन है। रंगकर्म है। उसे नाटक की तरह देखें। उसे उसी तरह खेलें। उसमें रसिक बनें। प्रमाता बनें। हिस्सेदार बनें। होली में मंच और दर्शन भाव मिट जाता है, यहां सब होली खेलने वाले होते हैं। तब जाकर होली होती है। कोई बड़ा-छोटा नहीं रहता। ऊंचा-नीचा नहीं रहता। मंच और बिन मंच सब बराबर ही रहते हैं। इसलिए होली सबसे बड़ी रूपंकर कला है। इसलिए उसकी व्याप्ति इतनी है।

दिल्ली में होली के कई रंग हैं। दिल्ली पूरा मुल्क है। पूरी दुनिया है। इसलिए सब रंग उसमें रहते हैं। उनमें से एक कॉमन रंग इन दिनों बड़ा प्रचलित है। यह है होली को मिलन समारोह में बदलने का रंग। यह 'कम्युनिटी होली' जैसा कुछ है। सामूहिक होली जैसा, जिसमें संगठित रूप में सब शामिल किए जाते हैं। बहाना मिलन का होता है। इस तरह दिल्ली में होली अनेक जगह मिलन समारोह बन चली है। यह नया आइडिया है। होली अब एक संगठित उपक्रम का अवसर होने लगी है।

यह होली का सामयिक संस्करण है। एकदम बिंदास। एकदम नया और मस्त। सबके सामने। आप नाक भौं सिकोड़ें। लाख कोसें। मगर यह होना है। यही नई होली का होना है। पुराने वक़्तों में होली परिवारगत रही होगी। फिर मुहल्लागत हुई। अब विशेष इलाक़ों के विशेष रहने

वालों की हो रही है। होली एक अवसर बन रही है सामाजिकता का।

होली हो रही है। पांच छह दिन पहले ही होली होने लगती है। कमेटियां काम करने लगती हैं। यह दिल्ली का एक पॉश कहाने वाला मुहल्ला है। होली मनाई जा रही है।

इसी होली से पांच छह दिन पहले की शाम। दिल्ली की एक पॉश कालोनी में एक बड़ा पंडाल लगा है। मुहल्ले की रेज़ीडेंट्स वेलफ़ेयर एसोसिएशन का 'होली मिलन समारोह' हो रहा है। मंच बना है। एक लड़की जींस टॉप पहने डीजे बनी है और अपनी डीजे बानी में सामने बैठे समुदाय को संबोधित करते कहती हैं।

तो अब आप सब जिगर थाम कर बैठिए क्योंकि अब आपके सामने जिगर से बीड़ी जलाने वाली है... जलाने वाली है... डीजे ठुकराल।

...आपके सामने कोई नया नाम नहीं है। वे अपना आइटम अपने आप हैं। राखी सावंत को आप भूल जाएंगे।

पार्श्व में 'बीड़ी जलाइले' का कोरस धीरे-धीरे उमगने-उछहने लगता है। और अचानक बिपाशा बसु की ओंकारा वाली न्यूनतम ड्रेस में एक लड़की सामने लहराने लगती है। उसके साथ एक नन्हीं सी लड़की है जो उसी तरह की मुद्राओं को उतारती, उससे भी चपल गति से लहराने लगी है।

यह होली मिलन हो रहा है। जो लोग बिपाशा के इस आइटम गीत को अन्यथा परेशानी का बाइस मानकर हंगामा करते, उन्होंने इसे दिल से लगा लिया है, क्योंकि मुहल्ले की छोरी उसमें डांस कर रही है। वह डांस नहीं एक होली कर रही है।

इसके बाद होगा मुहल्ले का होली मिलन, यानी मुहल्ले के अतिथियों का सम्मान आदि। फिर खाना लेकिन बग़ल के पंडाल में कुछ और चल रहा है। यह फाग कभी भी कहीं भी संभव है। रास कहीं भी होता है।

इस दिन लंपटता को एक लाइसेंस मिलता है कि वह दबी न रहे। निकलकर मन को दुरुस्त करें। जो आम दिनों में लंपट की कैटेगरी में आता है, इस दिन सामान्य हो रहा है। इस दिन आपत्तियां दर्ज नहीं होतीं। हां, हद से बाहर की आपत्तियां आपत्तियां हो सकती हैं। ज़बरदस्ती की भी एक हद बन जाती है। एक होली नंदगांव बरसाने की तो होती ही है। मगर हर गांव की अपनी होली होती है वहां असल धूल की होली होती है और उसे सब खेलते हैं।

होली ठिठोली है। होली रस की गोली है। होली सस्ती है। होली मस्ती है। होली इस दीन-दुनिया के बीच अपनी हस्ती की कश्ती है। होली एक भाव है। जिसके है उसके है। जिसके हियरा में सूखा है, उसका सब कुछ दूखा है।

होली के साथ पवित्रता की दोस्ती नहीं है। होली के लिए जितने विशेषण लागू किए जाते हैं, उनमें मस्ती मलंगपना आज़ादी के भाव रहते हैं। भंग यों तो भगवान शिव जी का आइडिया है। मगर वह होली में इस क़दर रचा-बसा है। कोई भी गीत बिना भंग-भवानी के पूरा नहीं लगता। होली में सब कुछ भौतिक है। पंचांग में इस दिन को होलिका दहन के बाद की धुलेंडी कहा जाता है। लेकिन कंक्रीट के महानगरों-नगरों और अब तो गांवों में भी धूल कोई नहीं खेलना चाहता। पिचकारी, पानी और रंग खेलते हैं। धूल की जगह कब पानी ने ले ली और कब रंग का आधिक्य हुआ, इसे वही जाने जो ऐसे सांस्कृतिक स्पेस का काम करें। कब उसमें गुब्बारे आ गए, इसे भी सोचना चाहिए।

होली एक आज़ाद सांस्कृतिक स्पेस है जिसमें एक पल के लिए सब सबके लिए आज़ाद हो जाते हैं। मर्यादा नहीं रहती। यह जन त्यौहार है न। एकदम पॉप त्यौहार।

तो... होली जलाइए जिगर से पिया जिगर मा बड़ी आग है।

ज़रा हटके है। युवाओं का बंदोबस्त है। उन्हें अभी रितिक के गाने पर नाचना है। वे उसकी ड्रेस में आए हैं। पंडाल के चारों ओर मोटर साइकिलों के, कारों के डीलरों के, बिल्डरों के बैनर लग रहे हैं। वे स्पांसर हैं।

होली के एक नहीं कई रंग हैं। सबमें एक सा कॉमन है। मस्ती का रंग। आप कुछ कर लें। यही होली का भाव है जो लगातार बदलता हुआ चल रहा है। होली शायद सबसे कम शास्त्रोक्त रह गई है। वह अपनी कथा से ही आज़ाद लगती है। आप सर्वे कर लें। आपके हुरिहारे होली की कथा को कितना जानते हैं? बहुत कम लोग होली की मूल कथा को जानते होंगे। उससे भी कम लोग इस बात की चिंता करेंगे, किस ज़माने मे होली किस तरह मनाई जाती थी। लेकिन सब एक बात मान लेंगे कि होली सबका त्यौहार है। होली इस तरह लगातार मिक्सिंग में रही है। यह मिलन का त्यौहार बराबरी करने वाला त्यौहार है।

होली के अनंत रंग हैं। एक होली ख़ुद को भद्र मानकर दिल्ली में चलने वाले लोगों की भी है। ये पढ़े-लिखे लगते हैं और जनता से ज़रा सुरक्षित दूरी पर रहते हुए जनता के दर्द से अक्सर पीड़ित नज़र आया करते हैं। और यह दर्द जब 'हद से बढ़ता' है तो अंग्रेज़ी में सोचने लगते हैं। वे भी होली को एक अपना अवसर बनाते हैं। वे एक-दो दिन पहले शाम को बैठते हैं। लगाते हैं। खान-पान चलता है और हमेशा की तरह एक फ़ालतू बहस उठती है। चिदंबरम का बजट, मनमोहन का पीएमपन, यूपी में आने वाले दिनों में कौन बनेगा सीएम इत्यादि... आज के हालात पर हर आदमी तब्सरा नस्र करने लगता है कि बहसें बंट जाती हैं। हाथों में जाम होते हैं। ज़ुबान पर क़बाब का स्वाद होता है। लेकिन बचपन की घरेलू गुझियों के अब न होने की बात होने लगती है। फिर अचानक बहस कहीं गर्म होकर

ईगो को जलाने लगती है। होली मनाने का यह भी एक तरीक़ा है
कि माया नहीं जाती, मस्ती पूरी नहीं आती। वही राग-विराग बने रहते
हैं। ख़ुद को भद्र समझने वाले लोग अपना नरक़ अपने संग, हर कहीं
लिए चलते हैं। इनके पास होली सबसे कम होती है। उस डीजे के
पास शायद ज़्यादा होली है जो पांच हज़ार लेकर नाचने आई और
बिपाशा, मल्लिका से भी बढ़कर लहरा रही है। अभी उसे 'क्रेजी किया
रे' पर लहराना है। और फिर जो फ़रमाइशें होंगी उन पर।

होली उसकी आजीविका है। उसमें एक होली रहती है। होली
का असल अलमस्त रंग सिर्फ़ बरसाने में ही नहीं रह गया है। होली
बरसाने से बाहर निकल कर सबकी हो गई। यह कन्हैया भाव हर
जगह विचरता है।

होली को तो होते रहना है

शोले फ़िल्म में गब्बर सांभा से पूछता है, 'होली कब है, कब है होली?' और उसके बाद रामगढ़ के होली मनाते लोगों के ऊपर उसके डाकुओं का टोला हमला करता है। फ़िल्मों में होली या तो गाने के सीक्वेंस की तरह आती रही है या एक्शन सीन की तरह। यह होली का पॉपुलर कल्चर का प्रयोग है। पॉप कल्चर जहां भी होती है, उसमें कई खुले क्षण होते हैं। उसमें यथास्थितिवादी तत्व भी होते हैं और प्रतिरोधात्मकता के अवसर भी रहते हैं। पॉपुलर कल्चर की यही विशेषता होती है कि वह द्वंद्वात्मक होती है।

अपने ही शहर की होली लीजिए। जितने लोग होंगे, उनके लिए होली के माने अलग-अलग होंगे। किसी लड़के के लिए किसी लड़की पर रंग डालना एक ज़रूरी काम होगा। लड़की भी किसी को चाहती होगी तो वह भी रंग खेलने की सोचती होगी। एक शहर में कितने ही लड़के, कितनी ही लड़कियां होती हैं। यही तो गोप ग्वाल बाल हैं। बड़े-बूढ़े उतने उत्साह से नहीं खेल पाते मगर वे भी कोई न कोई पल निकाल लेते हैं कि होली की मस्ती में डूब जाएं। ग़मगीन अपने कारण से होली में नहीं शामिल होते। होली मनाने वाले ऐसे लोगों को जान-बूझकर शामिल नहीं करते।

होली कब दुश्मनी को दूर करने का त्यौहार बन गया होगा,

कोई नहीं जानता। अगर मुहल्ले का कोई सबसे मनहूस मानुष नज़र आता है, तो लोग उससे ज़िद करके होली खेलने पर आमादा भी हो जाते हैं। यहां तक कि उसे तंग भी करते हैं ताकि वह उन जैसा बने। होली मनाने का यह तरीक़ा किसी शास्त्र में नहीं लिखा होगा। जिस तरह होली मनाई जाती है, उस तरह के बारे में शास्त्र बताते भी हैं। तो होली ने अपने नए-नए संस्करण बना लिए हैं। वह हर जगह अलग-अलग रंगों में व्याप्त होती है। यही उसके खेल का लचीलापन है। समारोह, उत्सव हमेशा ऐसा करते हैं। हर समारोह ऐसा लचीला अवसर देता है कि आप अपने ढंग से उसे डिफ़ाइन कर लें।

शहर-शहर युवा सबसे ज़्यादा होली खेला करते हैं। उनकी आबादी भी ज़्यादा है। यह उन्हीं का त्यौहार भी बन चला है। आख़िर प्रहलाद एक बालक ही तो था, जिससे होली की कहानी जुड़ी बताई जाती है। बाल युवा न मनाएंगे तो कौन मनाएगा? होली ने इस युवा स्पेस को एक आज़ाद क्षण बनाने का मौक़ा दिया है। हर बार दिया है। अगर कोई होली मनाने के बदलते आ रहे तौर-तरीक़ों का अध्ययन करें तो उसे कुछ नए और दिलचस्प तथ्यों का पता चल सकता है। मसलन अबीर, गुलाल, टेसू से पहले धुलेंडी की धूल से ही होली खेली जाती रही होगी। गुलाल, अबीर, टेसू के रंग अमीरों के शगल रहे होंगे। ग्रामीणजन, जिनका यह नया फ़सली त्यौहार रहा, वे तो उसकी राख-धूल से ही होली खेलते होंगे। हमारे बचपन में भी ऐसा होता था।

तब इतने रंग नहीं थे। मगर जहां होली जलती थी, उसकी राख माथे व गाल पर मली ज़रूर जाती थी। कहने की ज़रूरत नहीं कि एक-दूसरे से संवाद या कहें कुछ अतिरिक्त संवाद बनाने का अवसर तब भी होली देती होगी। उसके बाद अबीर, गुलाल के संग केमिकल रंग जुड़ गए। टेसू के फूलों के रंगों की जगह उन्होंने ले ली। ले ली सो ले ली। पता नहीं इतिहास के किस क्षण में होली ब्रज की सीमा

से मुक्त होकर, अलग और बाहर निकलकर आज़ाद हो गई। शायद छापाख़ाना आ जाने के बाद जब अख़बारों ने होली मनानी शुरू की, तब से या उससे भी पहले जब आवाजाही बढ़ गई और ब्रज से बाहर गए लोग ऐसा करने लगे, तब से ऐसा होने लगा! कहा नहीं जा सकता। बहरहाल, होली ब्रज स्पेसिफ़िक न रहनी थी, न रही। मीडिया के आज के दौर में तो कोई चीज़ ऐसे भी स्थान विशिष्ट नहीं रहती, सबकी हो जाती है। होली भी सबकी हो चली है। यही होली है। होली का असल भाव 'सबका' होना है। सबकी होली होगी तो सबका कुछ न कुछ उसमें मिलेगा। मिलेगा तो बहुत कुछ गड्डमड्ड भी होगा और होली की शक़्ल बदलती जाएगी। हर बार आदमी का ही रंग नहीं बदलता, होली का अपना रंग भी बदलता है भाई!

अख़बारों को देखें। हिंदी में यह परंपरा आज़ादी के ज़माने से चली आ रही है कि अख़बार इस दिन स्पेशल एडीशन निकालते हैं और मज़ाक़ करते हैं। इस दिन के मज़ाक़ किसी को आपत्तिजनक नहीं लगते। कहीं-कहीं 'हिसाब-बराबर' करने की बात भी होती है, मगर उसे भी कोई ध्यान योग्य नहीं मानता। साहित्यकारों को मगर कुछ मनहूसियत का रोग लग गया है। किसी ज़माने में हर साहित्यकार होली खेलता था लिखता था। क़स्बों, नगरों में अब भी लोग ऐसा करते हैं, लेकिन कई नए साहित्यकार अब ऐसा नहीं करते। वे इसे निचले दर्ज़े का फ़ूहड़ काम समझते हैं। यह मानसिक बीमारी की निशानी है। वे परंपरा से घिनाते हैं और कुछ दूसरी पंरपरा में रहने की बात किया करते हैं। दरअसल वे ऐलीटी रोग के मारे हुए होते हैं कि वे जनता से हमेशा ही ज़रा अलग दिखें, क्योंकि वे कुछ अलग ढंग से अवतरित हुए हैं। जिस जनता का नाम लेकर वे रोज़ कविता-कहानी लिखते हैं, उससे वे इतना ही जुड़ना चाहते हैं कि वह उनकी रचना को ख़रीदने लगे, सराहने लगे लेकिन वे आम जनता के एक साधारण

व्यवहार तक से परहेज़ रखते हैं। ऐसे रचनाकारों का जनता क्या करे? हिंदी कवि स्व. धूमिल के शब्दों को थोड़ा बिगाड़कर कहें तो कह सकते हैं:

> जब इस कविता से
> न चोली बन सकती है
> न होली
> तब तुम ही बताओ
> इस ससुरी कविता का क्या करूं?

होली है तो है। जब तक जनता होली का भाव रखती है, तब तक उसे रहना है। और जनता होली भाव के बिना जीवित नहीं रह सकती सो होली को तो होते रहना है।

प्रेम और उपभोक्तावाद

उपभोक्तावादी दौर से पहले भी दीपावली मूलतः 'वस्तु पूजा' का त्यौहार रही है। नए उपभोक्तावाद ने उसमें चिह्नों का विनिमय शुरू किया है। उपहार-संस्कृति चिह्नों के इस नए विनिमय का दूसरा नाम है।

नए मध्यम वर्ग द्वारा बनाए गए उपभोक्तावादी जन-क्षेत्र से पहले तक दीपावली 'वस्तु पूजा' तक सीमित थी। लक्ष्मी पूजन, खील, बताशे, मिठाई, फिर भैयादूज, गोवर्धन पूजा और समाप्ति। लोग घर में मनाते थे, इसलिए ग़रीब की लक्ष्मी ग़रीब के यहां पुजती थी, अमीर की अमीर के यहां। बही-खातों की पूजा होती। नए व्यापार, नए बनिज शुरू होते। लोग एक-दूसरे को 'उपहार' या भेंट लेते-देते न देखे जाते। अपनी लक्ष्मी, अपनी पूजा।

लेकिन आजकल दीपावली 'वस्तु पूजा' से आगे की संस्कृति में बदल गई है। वह ख़ुशी और प्रसन्नता के लेन-देन में बदल गई है। उपभोक्तावाद ने उसे त्यौहार से रिक्त करके उपभोग के समारोह में बदल दिया है। दीपावली उपभोग का स्वतंत्र और निर्बध खेल बन गई है। उपभोग का स्वतंत्र चलन एक 'अति-यथार्थ' को जन्म देता है जो असली यथार्थ को बेदखल कर देता है। इसे हम 'उपहार' के चलन के संदर्भ में बख़ूबी देख सकते हैं।

उपहार की वस्तु का विनिमय वस्तुतः एक 'चिह्न' का विनिमय

है, जो विनिमय के बाद अपना अर्थ खो देता है। विनिमय में बना रहता है। वह प्रतिक्रिया में ऐसे अनेक चिह्नों का विनिमय संभव करता है जो वास्तविक ज़रूरतों से स्वतंत्र हो जाते हैं। एक उपहार अनंत उपहारों की श्रृंखला बन जाता है।

सबके घर मिठाई होती है, फिर भी आप मिठाई का डिब्बा लेकर पहुंचे, लेकिन जिसको दिया, बदले में एक डिब्बा उसने दिया। मध्यवर्गीय हैसियत बराबरी पर लेन-देन चाहती है। धीरे-धीरे आप बोर होते हैं कि यह क्या? एक किलो मिठाई भेजी और एक किलो वापस आ गई। मिठाई में छिपा संदेश 'न्यूट्रलाइज' हो गया, व्यर्थ हो गया। 'उपहार' व्यर्थ होने के लिए नहीं दिए जाते।

तो अपने से बड़े के यहां (बड़ा वह जिसकी कृपा के कटाक्ष से पदोन्नति अथवा आर्थिक लाभ हो) उसकी हैसियत के अनुकूल पहुंचाया जाए। घड़ी, महंगे पैन, मेवा के डिब्बे, सोने-चांदी के आभूषण तक। देने वाले की हैसियत नहीं, लेने वाले की हैसियत से उपहार तय होता है, यानी उपहार का अर्थ लेने वाला तय करता है, देने वाला तो उसमें अपना अर्थ (कि कृपा-कटाक्ष बनाए रखें) भरता है। एक स्तर पर जब दोनों का अर्थ एक साथ गड्डमड्ड हो जाता है तो चिन्ह की स्वतंत्र लीला शुरू हो जाती है। बॉस ख़ुश होकर प्रमोशन देता है। यह फिर एक प्रतिक्रिया को जन्म देता है, श्रृंखला बनाता है।

उपहार प्रेम, रिश्वत, प्रार्थना, चमचागिरी सबको अंतर्भुक्त करता है। वह हैसियत, ऊंच-नीच, मान-अपमान और स्पर्धा को अंतर्भुक्त करता है। सर्वोपरि वह सामाजिक संबंधों को अंतर्भुक्त कर देता है। उपहार-संस्कृति सबको गड्डमड्ड कर देती है, जैसे कि 'रिश्वत' करती है।

उपहार के चिह्न जितने स्वतंत्र होते हैं, उतना ही वह सामाजिक तथा सांस्थानिक संबंधों को गड़बड़ करते जाते हैं।

एक विराट मध्यवर्ग में आकर ये उपहार-चिह्न किस क़दर स्वतंत्र हो जाते हैं इसका उदाहरण बच्चों के जन्मदिन पर उपहार के विनिमय या शादियों में उपहार-लिफ़ाफ़ा विनियम में देखा जा सकता है। नए मध्यवर्ग के लिए ऐसा हर बार दीपावली का विस्तार होता है क्योंकि उपहार-चिह्नों का विनिमय करने में उसे अपनी हैसियत के चिह्नों को भोगने का आनंद मिलता है। उसे पूरे वर्ष दीपावली चाहिए।

वस्तुओं के पूजन और उपहार के चलन ने बच्चों के जन्मदिन को वस्तुओं के स्वामित्व, प्रदर्शन और उपभोग में बदल दिया है। बच्चे को नहीं, माता-पिता को दी जाती है बधाई। बच्चे को पुचकारा जाता है ताकि माता-पिता हर्षित हो सकें। वे हर्षित होकर वीडियो फ़िल्म खिंचवाते हैं। वे 'भेंट', 'उपहार' सहर्ष स्वीकार करते हैं। कहीं-कहीं तो एक जगह मुक़र्रर होती है, जहां उपहार रखे जाएं। फिर 'रिटर्न गिफ़्ट' दी जाती है। जो बच्चा उपहार नहीं लाता, वह वहां आने का हक़दार नहीं। जन्मदिन अपने लिए नई प्राइवेसी बना रहे हैं, क्योंकि नए मध्यवर्ग में उपहार-प्रेम बढ़ रहा है। शादियों में भी ऐसा देखने को मिलता है।

ऐसा लगता है कि हमारे तमाम समारोहों का अंतिम मॉडल दीपावली है। यह भी संभव है कि दीपावली के इस नए संस्करण को बनाने में 'नववर्ष' के विदेशी ढंग का प्रभाव सक्रिय रहा हो। जो भी हो, देखने में अब यह आता है कि जन्मदिन हो या शादी, उसका संपूर्ण ढांचा (कुछ हेर-फेर के साथ) दीपावली जैसा 'ग्लैमरस' बन गया है, जिनमें वस्तु-पूजा और उपहार-संस्कृति अपने चरम पर पहुंचती है।

उपहार के लेन-देन में हम अपनी ज़रूरतों, इच्छाओं, विचारधाराओं और हैसियत के चिह्न (वस्तु) रूप में पेश करते हैं। महंगी घड़ी, कपड़े, सोने के आभूषण आदि में जो प्रतीक-चिह्न छिपे हैं वे परंपरागत

खील-बताशे, खिलौनों के लेन-देन में नहीं है। खील-बताशे का लेन-देन अधिक से अधिक दीपावली के 'पूजन' का लेन-देन है जबकि घड़ी, आभूषण, हवाई टिकट का लेन-देन हैसियत और संबंधों का लेन-देन है। उपभोक्तावाद ने दीपावली के अवसर को इस तरह परंपरा से मुक्त कर दिया है।

उपहार के इस विनिमय के अंत में क्या बचता है? बचते हैं ख़ाली डिब्बे यानी रिक्त हो गए चिह्न। यहीं से उपहार के चिह्नों का खुला खेल शुरू हो जाता है, वे स्वतंत्र लीला बन जाते हैं। वह ख़त्म नहीं होते, ख़ाली होकर कहीं और पहुंच जाते हैं। हम उन्हें फिर लाते हैं।

अगले दिन हम उन्हें पटाख़ों की बेशुमार चिंदियों पर धुएं में देखते हैं। उपहार उपभोग्य बनकर रिक्त हो गया। पटाखा जलकर 'रिक्त' हो गया—अगली बार फिर भरने के लिए। पहले पूजा, फिर ध्वंस। यही वस्तु-पूजन का चरम बिंदु है। यही उपहार-संस्कृति का सार है।

दिवाली छोड़ गई ढेर सारे सवाल

दीपावली के पहले दुकानें बीच बाज़ार तक आगे बढ़ आई, हलवाइयों की, मिठाई वालों की दुकानें बड़े आकार की हो गईं। गिफ़्ट के सामान की दुकानें अलग से अपने सामान को लेकर बनी-ठनीं। वहां बहुत सारे डिब्बे नज़र आने लगे। ये बरतनों के हैं, प्लास्टिक के, कांच के हैं। इधर इलेक्ट्रॉनिक गुड्स की दुकानें स्पर्धा कर रही हैं। एक कंपनी सब कुछ पर स्पेशल ऑफ़र दे रही है। मोबाइल वाली अलग से कह रही है ज़िंदगी भर का टॉक टाइम फ़्री मिलेगा, बस एक बार आ तो जाएं। सबसे कम सजावट वाली दुकानें नज़र आती हैं जिनमें दीये-सकोरे मिलते हैं। लक्ष्मीजी, गणेशजी भी मिलते हैं। संग में बहुत से खिलौने भी मिला करते हैं। प्रेम की कहानी वाले खिलौने, तोता, कबूतर, सिपाही, शेर, चीता, गाय, हाथी आदि। ऐसी दुकानों के आसपास ही खील-बताशे मिलते हैं, जो बिना पैकेज हैं।

ये दुकानें हमेशा से लगा करती हैं। सब दुकानें बदल गईं, वे नहीं बदलीं। उनके तौर-तरीक़े में इतना परिवर्तन आया कि वे अब खील-बताशे को पन्नी में बंद रखती हैं। खिलौने भी पैकेट में आने लगे हैं। चीनी खिलौनों के बाद पैकेजिंग होना शुरू हुई हैं। पूजा-पाठ की, कर्मकांड की चीज़ें हैं जो किसी तरह बची रह गई हैं। यह दीया लोग अब भी ख़रीद ही लाते हैं। थोड़ा तेल-घी डालकर जला ही देते हैं।

चलिए पीछे मुड़कर एक दृश्य देखें। यह दिवाली के बाज़ार की सजावट है। बाज़ार में झालरें लगी हैं। लट्टू की लड़ियां लगी हैं। मोहल्ले के बच्चे पटाख़े छुड़ाने लगे हैं। समय-असमय वे शोर करते रहते हैं। उधर प्रशासन प्रदूषण रोकने में लगा है। बताता रहता है कि दिवाली ऐसे मनाएं, ऐसे न मनाएं। पता नहीं क्यों सरकारें और प्रशासन त्यौहारों के मौक़े पर नागरिकों को कर्तव्य शिक्षा देने लगते हैं। प्रदूषण को न होने देने के संकल्प दुहरवाते रहते हैं।

प्रशासन चलाने वाले लोगों के घरों में वही सब होगा, जो वे प्रकटतः नहीं होने देना चाहते। ज़ाहिर है कि वे समारोह का आधा मतलब ही जानते हैं, आधा भूल गए हैं। लोग इन दिनों दीपक कम जलाते हैं। तेल बिजली से महंगा है, मिलावट वाला है। दीया हवा में बुझ जाता है। लट्टू जलता रहता है। बीच में मोमबत्ती आ गई है। वह हवा में भी मुक़ाबला करती रहती है और पटाख़े छुड़ाने वाले बच्चों के बड़े काम की होती है। चाहे पूरे साल बत्ती न आए, परंतु इन दो-तीन दिनों बत्ती पूरी तरह आती है, क्योंकि ग्राहक का मामला होता है। दिवाली के त्यौहार का मामला होता है। सरकार नहीं चाहती कि इन दिनों अंधेरा रहे। अंधेरा रहेगा तो वोट कैसे मिलेगा? तो दिवाली पर ही बत्ती रहा करती है, चाहे पूरे साल न रहे! दीपावली क्यों मनाई जाती है? इसका रहस्य जानिए न जानिए बस मनाइए। हर अख़बार, हर चैनल फुसलाने लगता है कि दिवाली की सेल लगी है, पचास फ़ीसदी छूट है, वग़ैरह!

दिवाली की मेहरबानी है कि चीज़ें इस वक़्त पचास फ़ीसदी कम में दी जाती हैं पूरे साल जो पूरी क़ीमत पर दी गई, अब आधी पर हाज़िर है। इन दिनों सिर्फ़ दिवाली लिखी नहीं दिखती। सिर्फ़ 'दिवाली सेल' लिखी दिखती है। जिसे देखो सेल पर उतारू हो जाता है।

बिजली की दुकानों में चीन भरा हुआ है। गणेश-लक्ष्मी चीनी

हैं। पटाख़े चीनी हैं। पटाख़ों में नए आइटम हैं, पिस्तौल है, जो सचमुच की तरह चलती है। ऐसे पटाख़े हैं, ऐसी फुलझड़ियां हैं, जो रंग-बिरंगे फूल खिलाती रहती हैं। बिजली की छोटी-छोटी बत्तियों की लड़ियां हैं, जो बुझती-जलती रहती हैं। गाने अलग सुनाती रहती हैं। दिवाली सेल का भी एक नाम है।

दिवाली खील-बताशे का कम, मिठाइयों के आदान-प्रदान का नाम है। गिफ़्ट देने-लेने का नाम है। दिवाली अब चार करोड़ से लेकर बारह करोड़ के मकान ऑफ़र करने का नाम है। हमारी सोसाइटी के सामने बैंक वाले घुस आए हैं। कहते हैं कि ये लो क़र्ज़ ले लो, ब्याज तक मत देना, लेकिन चार करोड़ का ये मकान ले लो, ऐश करो, एकदम 'स्विस वाला'। ख़ादी का क़ुरता पहने, रबर की चप्पल पैरों में डाले, मैं उस बैंक के अस्थायी काउंटर पर बैठे नौजवानों को देखता रहता हूं, तो वह चकित नहीं होता। उसकी मुस्कान, उसकी वाक्यावली जितनी ही तीखी है, वही चार करोड़ के मकान का ऑफ़र दे रहा है। ऑफ़र देकर वह मज़ाक़ तो नहीं बना रहा मेरा? मैं उससे पूछता हूं 'तुमको इस काम के कितने मिलते हैं?' उसका बोलता मुंह थोड़ा रुकता है दोबारा ज़ोर से पूछने पर वह शांत हो जाता है। कहता है—सर जी अपना तो काम ही ये हैं, आप बुरा न मानो। 'क्या कोई चार करोड़ का मकान ले सकता है?' मैं पूछता हूं। वह बोलता है—क्यों नहीं, लेने वाले लेते हैं। तुम कितने बड़े मकान में रहते हो? कहां रहते हो? संतकुंज में या शाहदरे के सीलमपुर में? वह परेशान होने लगा है, वह अपने दूसरे साथी से कहता है कि वह पानी पीकर अभी आया तब तक सर यानी मुझसे वह बात करे। दिवाली की सेल है, गहने बिक रहे हैं। कहते हैं सोना सस्ता हो गया है।

तभी ख़बर बताती है कि सोने में भारी मिलावट की जा रही है। चांदी में की जा रही है। दिवाली की सेल लगी है। मिलावट की

सेल भी लगी है। दिवाली का उत्साह उसका आनंद हमें लुटने देता
है, मिलावट नहीं देखने देता। अपना समाज समारोहात्मक है। वह दुख
झेल चुका है। इसलिए सुख का कोई अवसर नहीं जाने देता। बाज़ार
इसमें उसकी मदद करता है। लूट भी करता है, मगर चमक-दमक भी
देता है, आनंद देता है। दिवाली एक अवसर है। ऐसे अनेक अवसर
समाज ने बनाए हैं वे हर बार एक दिवाली की तरह हो सकते हैं।
आनंद का समारोह अंततः एक ही प्रकार का होता है। हां, दीपावली
पर अगले दिन मोहल्लों में पटाख़ों के खोल मिलते हैं, गंदगी मिलती
है। हर समारोह अपने पीछे अपनी गंदगी भी छोड़ जाया करता है।
दिवाली भी छोड़ गई है।

अपहरण के विमर्श

दिल्ली के पास नोएडा में रहने वाले एडोब सॉफ़्टवेयर कंपनी के सीईओ नरेश गुप्ता के तीन-चार साल के पुत्र अनंत का अपहरण उनके घर के सामने 'मदर डेयरी' का बूथ चलाने वाले बुलंदशहर के छत्रपाल ने अपने साथियों के साथ मिलकर किया। उसने डेयरी बूथ के सामने रहने वाले नरेश की हैसियत को तौला और उसके चार साल के बच्चे के बाहर निकलने पर नज़र रखी और उठा लिया। पुलिस ने जिस कहानी को सारे ख़बर चैनलों के सामने बयान किया और जिसे मुख्य अपहर्ता छत्रपाल ने बताया उसके अनुसार उसे फ़िल्मों का शौक़ था। महत्वाकांक्षी था। ख़ूब पैसा कमाना चाहता था। उसने किसी सीरियल में काम भी किया था। सफल होने के लिए उसे ज़्यादा पैसों की ज़रूरत थी इसलिए बड़ा हाथ मारना चाहा। उसने पक्की सी योजना बनाई। फ़िरौती की रक़म वसूलने के लिए उसने मथुरा स्टेशन के पास की जगह को चुना। चलती रेल से पैसा फेंकने को कहा। पचास लाख का थैला बच्चे के अंकल ने गिराया। पचास लाख से भरा बैग गिरने से फट गया, कुछ नोटों के बंडल इधर-उधर बिखर गए। वहां खड़े छत्रपाल और साथियों ने उन्हें चुना। बिखरे नोटों को सुबह गांव वालों ने चुना और ख़ुद अमीर हो गए। अपहर्ता ने पैसे बुलंदशहर के अपने गांव के घर में छिपा दिए। कहानी यहां तक तो सीधी रही, लेकिन

आगे उसमें एक ट्विस्ट कम रहस्य आया कि बच्चा छूटा तो कैसे? पुलिस कहती है कि उसने छत्रपाल के गांव काकोर से बरामद किया। लेकिन दिल्ली में ख़ास चलने वाले गैस-ऑटो रिक्शे के ड्राइवर ने कहा कि वह बच्चा उसे दो आदमियों ने दिल्ली के सरिता विहार में दिया। पचास का नोट देकर कहा कि इस पते पर पहुंचा दो। इस कहानी की गुत्थियां अपनी ख़ुफ़िया अक़्ल से आप सुलझाते रहें। लेकिन यह टिप्पणी यहां ज़रा सीरियस ट्विस्ट लेना चाहेगी और एक मामूली सा सवाल अपने आप से पूछना चाहेंगे कि अपहरण तत्वतः क्या है? वह क्या अपराध की कोटि में आता है? यदि आता है तो किस तरह के अपराध की कोटि में आता है? क्यों वह हमेशा एक कहानी की तरह बनता है और कई कहानियां ऐसी क्यों होती हैं, जिनका अंत अनकहा, अनसुलझा रह जाता है? ये सवाल पूछना ज़रूरी है। अपने यहां अपहरण नेचर में निजी या कुटीर और साथ ही ग्लोबल उद्योग है। दुनिया के हर मुल्क़ में यह नित्य प्रति होता रहता है।

पिछली सदी के तीसरे-चौथे दशक में इस अपहरण उद्योग को इटेलियन माफ़िया ने नया संस्कार दिया। अमेरिका में इसका पुनर्संस्कार हुआ। सीआईए आदि भी इसमें दक्ष हुई। सोवियत काल में केजीबी भी पीछे नहीं रही। दुनिया का बहुत सारा अपराध कथा-साहित्य अपहरणों से भरा है। फ़िल्में तरह-तरह से अपहरण के बारे में बताती ही रहती हैं। इनमें आख़िरी नए ट्विस्ट वाली पिक्चर 'रैंसम' नाम से रही, जिसमें अपहृत बच्चे का पिता अपहरणकर्ताओं के पीछे दूसरे अपहरणकर्ताओं को लगा देता है। 'अपहरण' अपहृत बालक के पिता और अपहरणकर्ता के बीच एक नए क़िस्म का 'विनिमय', नए क़िस्म का 'सौदा' बन जाता है। एक बड़े उत्तर-आधुनिक चिंतक ज्यां बौद्रिआ अपहरण को नए पूंजीवादी समय में 'सिंबलिक एक्सचेंज' (प्रतीकात्मक विनिमय या लेनदेन या सौदा) बताते हैं अपराधशास्त्र में अपहरणं की परिभाषा पैसा ऐंठना होती है।

अपराधशास्त्र इससे ज़्यादा बारीक़ी में नहीं जाता, जितनी बारीक़ी में बौद्रिआ जाते हैं। अपने विमर्श से वे अपहरण को एक विशेष क़िस्म का 'अपराध' ठहराते हैं, जिसमें प्रतीकात्मक सौदेबाज़ी सक्रिय रहती है जैसी गिफ़्ट या भेंट के लेनदेन में रहती है। गिफ़्ट मूलतः एक प्रतीकात्मक विनिमय है, जिसमें एक वस्तु देकर हम दूसरे और मूल्यों भावों या वस्तु का एक्सचेंज करते हैं। गिफ़्ट का एक्सचेंज अपराध की कोटि में नहीं आता, अपहरण आता है लेकिन जो काम गिफ़्ट का लेनदेन करता है वह काम अपहरण में होता है। फ़र्क़ इतना है कि अपहरण का आरंभ हिंसा से होता है और उसका अंत रहस्यमय भय के संचार में, लोमहर्षकता में होता है। हर अपहरण में आदमी के बदले रक़म मांगी जाती है। फ़िरौती ही उस वस्तु का विनिमय मूल्य होता है।

इस अपहरण छाप विनिमय में आदमी को नितांत ऐसी वस्तु में बदल दिया जाता है, जिसके बदले दूसरी वस्तु यथा पैसा या प्रॉपर्टी के काग़ज़ात या सैक्स या किसी से बदला लेने का आनंद आदि प्राप्त किया जा सकता है। गिफ़्ट के देनलेन में ताक़तवर की कृपा और निजी हित जुड़े रहते हैं। वहां एक प्रकार की कमज़ोर की प्रार्थना काम करती है, यहां शुद्ध ताक़त काम करती है। एक निष्ठुर विनिमय होता है। प्राण की बाज़ी लग जाती है, प्राणों की क़ीमत चूंकि ज़्यादा होती है। इसलिए एक्सचेंज भी प्राणों से होता है। अपहरणकर्ता मरने को तैयार रहता है। उसे अपनी सफलता-असफलता का तीखा बोध होता है, जिस तरह अगवा की गई चीज़ को अपने जीने या मरने का बोध तीखा होता है। 'सिंबलिक एक्सचेंज' के बारे में बौद्रिआ के विचारों के उक्त सरल से परिचय के बाद हम अपहरण को करुण कहानी या हाय-हाय नुमा या पुलिस की वाह-वाह नुमा कहानी से थोड़ा आगे निकल सकते हैं। अन्यथा हर अपहरण एक सामान्य ज़ुर्म की तरह पुलिस और पब्लिक के दिमाग़ में निपटता रहता है। उस पर

विमर्श नहीं होता जबकि वह नए ज़माने का एक बड़ा उद्योग है, जिसमें एक सिंबलिक यानी कल्चरल एक्सचेंज सक्रिय रहता है, जिसमें ब्लैकमेल, बदला, हिंसा, आतंक और पूंजी का मिक्स रहता है। जिसकी वस्तु इस विनिमय में निवेशित की जाती है और जो करता है उसके बीच भावों का एक्सचेंज चलता है, जो अंततः सांस्कृतिक विनिमय की तरह घटता है।

नए पूंजीवाद ने जो अमीरी-ग़रीबी का नया और तीख़ा विभाजन किया है, उसमे हर क़ीमत पर ताक़त की कामना नाचती है। एक ही जगह दुर्दमनीय ग्लोबल चमक-दमक और ताक़त बेधड़क प्रदर्शित की जाती है और दूसरी ओर उसकी मात्रा कामना करने वाले मगर उससे वंचित कर दिए गए लोग होते हैं। नया पूंजीवादी मूल्य कहता है कि वे भी इसे प्राप्त कर सकते हैं, बशर्ते वे इसके योग्य हों। कमज़ोर जानता है कि जो बड़ा बना है वह योग्यता से ज़्यादा किसी और का अवसर हड़पकर बना है। बस उसे भी एक चांस चाहिए होता है। पीछे छोड़ दिए गए ऐसे अनंत जनों के मन में अनंत उठाईगिरियों, चोरी-चकारियां और अपहरण आदि के संचारी भाव स्थायी से बन हर क्षण आते-जाते हैं, जिन्हें नोटिस नहीं किया जाता। छोटे-छोटे अपराधों में यह नित्य प्रति यही सांस्कृतिक विनिमय सक्रिय रहता है, क्योंकि अभाव और आपूर्ति का तनाव भरा रिश्ता बन चला है। हर अपराधी यह जानता है कि क़ानून ताक़तवर का कुछ नहीं बिगाड़ता। एक बार बन जाओ तो सब ठीक हो जाएगा। अपहरण की सिद्धांतिकी ऐसे ही अनंत लूटेच्छाओं के क्षणों में बनती होती है। अपहरण के आगे आप ज़रा इस सिद्धांतिकी के औचित्य-अनौचित्य के बारे में भी सोचें, क्योंकि अपहरण सिर्फ़ अनैतिक, अमानवीय या पुलिस या क़ानूनी समाजशास्त्र और नए मनोविज्ञान और सर्वोपरि नए पूंजीवाद की एक लीला भी है।

लंपटता और नागरिकता

जब वह नौजवान सामने खड़े अपने टीचर को धमकाते हुए कह रहा था कि हम तुम्हारा वो हाल बनाएंगे... तो उसकी देहभाषा देखते ही बनती थी। वह किसी फ़िल्म का सस्ता-सा रोल करने वाला ख़लनायक लगता था, उसकी भाषा मानो फ़िल्म का एक डायलॉग थी, लेकिन उज्जैन में एबीवीपी से संबद्ध बताए गए छात्र नेताओं ने प्रोफ़ेसर सभरवाल साहब के साथ जो सुलूक किया, वह फ़िल्मी सीन नहीं था। वह सचमुच की हत्या की तरह का सच था। उसके बाद उनके बचाव में उतरे लोगों के संवाद फिर वही फ़िल्मी डायलॉग थे। 'हमारे शत्रु' हमको फंसाना चाहते हैं, हमारा क़सूर नहीं है, यह हादसा है, हत्या नहीं इत्यादि।'

कुछ साल पहले दिल्ली विश्वविद्यालय के श्रद्धानंद कॉलेज के एक अध्यापक इम्तेहान की निरीक्षण ड्यूटी कर रहे थे कि एक-दो पेशेवर गुंडे नेता पिस्तौल लिए दनदनाते अंदर आए और जब अध्यापक ने उन्हें रोकना चाहा तो उन पर गोली चला दी। अध्यापक महोदय मारे गए। मारने वाले बाजाप्ता छात्र नहीं थे, मगर छात्रों के किसी न किसी समूह के मित्र थे। बाद में दिल्ली विश्वविद्यालय में हड़ताल हुई। हमदर्दी में अन्य जगह भी हड़तालें हुई, लेकिन आज भी इम्तेहान लेने वाले शिक्षकों के मन में भय रहता है। प्रो. सभरवाल साहब को लेकर भी अध्यापक आगे आए हैं, उनका पुत्र दावा दायर करने की बात कर

रहा है कि उसे न्याय मिले। आप हम सब निराशा के साथ न्याय की आशा कर सकते हैं।

लेकिन एक हत्यारे बन चले लंपट लापरवाह हो चले युवा समाज में सिर्फ़ अपनी ही सोचने वाले लोगों के बीच किसी आहत को न्याय मिल पाएगा, इसमें सबसे ज़्यादा अनास्था उन्हें ही हो सकती है, जो भुक्तभोगी हैं। क्योंकि न्याय की प्रक्रिया में कहीं भी ताक़तवर लोग ऐसा मोड़-तोड़ बना देते हैं, जिससे न्याय की स्थितियां प्रलंबित और अंततः ख़त्म हो जाती हैं। गवाह हर बार बयान फेर लेते हैं। दिल्ली में जेसिका लाल, मट्टू, कटारा के केस में यह बात रोज़ हुई और पता नहीं कितने गवाह कहां-कहां बयान नहीं बदलते होंगे, और कहां-कहां मारे गए लोगों के हत्यारे छुट्टा घूमते होंगे और बड़ी हिम्मत के साथ वे अट्टहास करते होंगे। डर लगता है।

सभरवाल को मारने वाले भले एक संगठन से ताल्लुक़ रखते हों, लेकिन वे हर कहीं हर संगठन में हो सकते हैं। यह युवा राजनीति का परिचित चेहरा है। यह राजनीतिक सत्ता से सुरक्षित चेहरा है। यह दलों की ताक़त है। यह ज़मीनी यथार्थ को कंट्रोल करता है। ऐसा नहीं है कि दल इनका सिर्फ़ उपयोग करते हैं। यह पुरानी बात हुई। गुलज़ार की फ़िल्म 'मेरे अपने' वाली पुरानी बात। अब राजनीतिक दल और बाहुबली अन्योन्याश्रित हैं। वे हर जगह हैं, हर दल में हो सकते हैं। जिन दिनों विचारधाराएं ताक़त का हिंसक विमर्श बन चली हों, वहां हिंसा एक राजनीतिक अस्त्र बनकर आती है। यह मामला छात्र राजनीति का भी नहीं है, यह राजनीति मात्र का है। हमारी राजनीति का मुख्य मुहावरा हिंसा है। बातचीत, बहस-मशविरा, सहमति अब मुक़द्दमें नहीं हैं।

इन दिनों दिल्ली विश्वविद्यालय में छात्रसंघ के चुनाव हो रहे हैं। चुनाव में लगे युवा नेता एक-से लगते हैं। वे टिकट लेने से लेकर ऊपर

तक ताक़त दिखा चुके हैं। वे जाति से, धर्म से, पैसे से जीतना चाहते हैं। कोई छात्रों में शराब बांट रहा है, कोई सिनेमा की टिकटें, कोई कैश बांट रहा है। करोड़ों का ख़र्चा बड़े दल करते हैं। कारण है दिल्ली में छात्रसंघ पर क़ब्ज़े का मतलब दिल्ली की राजनीति पर दबदबा। और फिर बाद में आप देश के केंद्रीय नेता तक हो सकते हैं। जो मॉडल बड़े नेताओं का है, वह नीचे तक उतर आया है। वही चाल-ढाल, वही भाषा, लेकिन युवोचित बदहवासी, उत्तेजना और मारपीट-धमकी की भाषा।

यह एक निराश युवा है, यह सारे युवाओं का, छात्रों का प्रतिनिधि नहीं है। मगर ताक़त हड़पकर भुजबल-धनबल से प्रतिनिधि हो उठता है। सामान्य जीवन जीते नागरिक की तरह सामान्य छात्र इनको प्रसन्न करता, इनसे डरा हुआ संभलकर रहता है।

बेरोज़गारी ने, ख़ाली वक़्त ने युवा समाज के उस तबके को लंपट और बाहुबलवादी बनाया है, उसके पास करने को कोई काम नहीं है। वह पढ़ाई-लिखाई में पिछड़ गया है और वह अचानक समाज पर कंट्रोल करना चाहता है। वह एक लूट की संस्कृति में आ जाता है। लुटेरा बन उठता है, वह इसके लिए किसी राजनीतिक संगठन को सबसे सही जगह मानता है। वहां के दरवाज़े ख़ुले मिलते हैं।

यह युवा पिछले दिनों आई फ़िल्म 'युवा' का नायक लगता है, जो बेरोज़गार लंपट यथार्थ का हिस्सा है। मगर तो भी इसके दिमाग़ को पूरी तरह नहीं पढ़ा गया है। हत्यारा बर्बर युवा वहीं कहीं बनता है। वह चित्त से फ़ासिस्ट है। वह लड़कियां छेड़ता है, संस्कृति का रक्षक बनता है। वह ताक़त की भाषा समझता है। वह उस युवा से पिछड़ गया है, जो अपने भविष्य के लिए संघर्षरत है, जो अपने कैरियर में लगा है। वह छात्रों की अलग बड़ी जमात है, जो एक नागरिक जीवन में यक़ीन करती है। उन्हीं के बीच कोई एक टूटा-फूटा युवा

ऐसा बन जाता है। गांवों में, क़स्बों में आगे बढ़ने के अवसर नहीं हैं। तब छोटे-मोटे तिकड़म वाले काम करने, चोरी-चकारी करने, रंगदारी करने के काम किए जाने लगते हैं। हर छोटे शहर में ऐसे कुछ पढ़े-लिखे युवा अनंत हैं, जो निराश होकर अपने रास्ते से भटक गए हैं। काश उन्हें कोई रचनात्मक रास्ता मिलता। अपार बेरोज़गारी उन्हें कुछ नहीं देती। वे इस तरह के स्व-रोज़गार में लग जाते हैं।

जिस देश में पचास फ़ीसदी से ज़्यादा लोग युवा और बच्चे बताए जाते हैं, वहां युवाओं के लिए कोई ठोस सामाजिक–आर्थिक नीति नहीं है। कोई नक़्शा नहीं है। शिक्षा का तंत्र ढह चुका है। एक निराशा युवाओं में फैलती हैं, जो उन्हें किसी एक दल के बल में शामिल करती है और वे धमकाने लगते हैं कि कल देखना मैं तुम्हारा क्या हाल बनाता हूं... वे हर बार बच जाते हैं। वे फिर आकर कहेंगे, 'देख मैं तेरा क्या हाल बनाता हूं'।

एक अच्छा अध्यापक अच्छा पढ़ा सकता है, अच्छे बच्चों को और अच्छा बना सकता है। एक ख़राब अध्यापक तीस-चालीस पीढ़ी ख़राब कर सकता है। अच्छे अध्यापक कम हो रहे हैं, ख़राब बन रहे हैं, वहां भी लंपटता व्याप रही है। ज़्यादातर अध्यापकों का मन अध्ययन से, उच्चतर दक्षता से दूर भागता है। वे पे कमीशन रिटायरमेंट, सट्टा बाज़ार में रमते हैं, पढ़ने-पढ़ाने में नहीं। वे एक घिसा हुआ, चालू वर्ग बन चले हैं। जब दोनों इकाइयां पतित हो चली हैं, तो जो संबंध बनेगा, उसमें विश्वास नहीं हो सकता। वह स्पर्धात्मक हो सकता है, हिंसक हो सकता है। तो मामला समाज मनोविज्ञान का है। छात्रों में हिंसा का अधिकाधिक सहारा लेने की बात एक बड़ी सांस्कृतिक व्याधि है। इसका इलाज कहीं नहीं दिखता।

इस प्रसंग में कवि रघुवीर सहाय की 'रामदास' कविता बार-बार याद आती है–

चौड़ी सड़क गली पतली थी,
दिन का समय घनी बदली थी;
रामदास उस दिन उदास था
ख़तरा उसके आसपास था,
उसे बता यह दिया गया था
उसकी हत्या होगी।

हत्यारा गली से निकलकर हाथ तौलकर चाक़ू मारता है। रामदास मरकर गिर जाता है। सब देखते रह जाते हैं क्योंकि 'उसे बता यह दिया गया था, उसकी हत्या होगी'!

एक दिन खादी, एक दिन दादी

एक एफ़ीम कहता हैः 'बजाते रहो'। वह दिनभर गाने बजाता रहता है। 'बजाते रहो' का मतलब कई लेवल वाला ठहरा। बजाना यानी ठोकना, पीटना। बजाना यानी बोलती बंद कर देना, बजाना यानी ऐसी की तैसी कर देना, ख़बर लेना।

एफ़.एम. रेडियो एफ़ीम चैनल लगते हैं। 'एफ़ीम' अफ़ीम शब्द का इंग्लिशिया 'भ्रष्टाचरण' है। एफ़एम और अफ़ीम में गहरी दोस्ती लगती है। अफ़ीम का आदी अफ़ीमची कहलाता है। एफ़एम का आदी एफ़ीमची। अफ़ीम न मिले तो अफ़ीमची कहीं का नहीं रहता। देह दिमाग़ पिराते एफ़एम न सुने तो एफ़ीमची के कान दर्द करने लगते हैं।

अफ़ीम आदमी को जवानी में 'डोकर' बनाती है। एफ़ीमी चैनल जोकर बनाते हैं जोकि कहलाते हैं।

एफ़ीएम रेडियो चैनल भी क्या आइटम बनारेला है बाप! शहर एफ़ीमी नौटंकी बन जाता है। भाषा एफ़ीमी बन जाती है। एक एफ़ीम का अंटा देता हैः 'सुनो सुनाओ लाइफ़ बनाओ' गाने सुनो, 'लव लड़कियां बॉलीवुड' यानी 'एलबमी' में अमोघ 'मंत्र' का रेडियो 'जंत्रा' से जाप करो, लाइफ़ बन जाएगी। लड़कियां मिल जाएंगी। लाइफ़ अपने आप बनती रहेगी। 'बिगएफ़एम' का पीछा करो। लाइफ़ बन और तन जाएगी। इन दिनों दिल्ली वालो की रेडियो लाइफ़ हर वक़्त बस बनती रहती है।

दूसरा एफ़ीमी कहता है: 'बजाते रहो'

वो भी दिनभर गाने बजाता रहता है। 'बजाते रहो' का मतलब कई लेवल वाला ठहरा। बजाना यानी ठोकना, पीटना। बजाना यानी बोलती बंद कर देना, बजाना यानी ऐसी की तैसी कर देना, ख़बर लेना। बजाने का मतलब गेम बजाना भी है बजाने में सैक्सी टच रहता है। मुहावरे में कोई बजाता रहता है। किसी की बजती रहती है। लादेन अमेरिका की बजाता रहता है, अमेरिका इराक़ की बजाता है। ईरान अमेरिका की बजा देता है। कोई संजू बाबा की बजा देता है तो कोई सिद्धू गुरु की सबकी वैसे ही बजती रहती है तिस पर एफ़एम चैनल एफ़ीमगिरी करता है कि बजाते रहो। अब जिनकी पहले से ही बजी हुई है उनकी तू क्या बजाएगा? तीसरा एफ़ीमी कहता है: मिर्ची सुनने वाले ऑलवेज़ ख़ुश। मिर्ची खाने वाले रोते रहते हैं मगर मिर्ची सुनने वाले ऑलवेज़ ख़ुश! अब मिर्ची खाई नहीं गाई-बजाई जाती है। गाने पे गाने मारकर। ऑलवेज़ ख़ुश! ख़ुशी मार्केटिंग ज़बर्दस्त है। जब से एक सर्वे ने कहा है कि भारतीय लोग ख़ुश रहने वालों में अव्वल हैं सब एफ़ीमी रेडियो सुना करते हैं। इसलिए हमेशा ख़ुश रहा करते हैं। ख़ुश करने का रेडियो टीवी उद्योग दिन रात सबको ख़ुश रखता है। एक आदमी सड़क पर जा रहा था कि गटर में गिर गया। गिरने के बाद बताया गया कि मिर्ची सुनने वाले ऑलवेज़ ख़ुश गिरकर भी ख़ुश रहने की कला मिर्ची खाकर सीखी जा सकती है। एक चैनल नक़ली नंबर धन ढूंढ़ता रहता है नए-नए नक़लची आते रहते हैं कोई अमिताभ कोई शाहरुख ख़ान और कोई ऋतिक के डायलॉगों में अपना तड़का लगाकर हंसाता रहता है। आप अगर नहीं हंसे तो आप बेकार आदमी हैं। आप न बजाते हैं न बजो हैं। बजाना, ख़ुश रहना और सुनना सुनाना 'एफ़एमची नागरिकता' का संविधान है। एक चैनल तो 'पप्पी इंडस्ट्री' शुरू कर चुका है। लड़की कहती है दे दे पप्पी लड़का

कहता है पप्पी ले ले वो देता है वो लेती है एकदम झक्कास! बिंदास! लाइफ़ इसी तरह बनती है वाइफ़ ऑलवेज़ ख़ुश रहती है। एक चैनल डेली वेजेज़ पे बात-बात पर 'डे' मना डालता है। विश्व दिवस की जगह मुहल्ला दिवस। ईस्ट दिल्ली डे, नोएडा डे! एक दिन उसने शादी डे मना डाला। अगले रोज़ बर्बादी डे मनाता है। फिर एक दिन खादी डे एक दिन दादी डे एक तंबू डे। एक दंबू डे। एक दिन मिठाई डे। एक दिन हलवाई डे। एक दिन वो चाट डे मनाता है। एक दिन खाट डे। एक दिन दिल्ली हॉट डे। एफ़ीमी रेडियो असल फ़ीलगुड का डोज़ देते रहते हैं। कभी 'बजाके' कभी 'सुनाके' कभी पप्पी-झप्पी से लाइफ़ बनाके।

अमरता पंद्रह सैकंड

एक चैनल ने एक दिन दिखाया कि मध्यप्रदेश में एक बालक ने चित्र बनाने चालू किए तो बनाता ही गया ताकि रिकॉर्ड बन जाए और उसका नाम गिनीज़ में नहीं तो लिम्का बुक ऑफ़ रिकॉर्ड्स में आ जाए। उसे बुख़ार हो गया, लेकिन वह चित्र बनाता रहा। उसके माता-पिता उसकी प्रतिभा पर निहाल होते रहे। वह चित्र बनाता हुआ अपना नाम रिकॉर्ड बुक में लिखा देखता रहा। उसे लगने लगा होगा कि अब उसका नाम हुआ, अब वह हीरो हुआ और अब उसे पैसा मिला। लोअर मिडिल क्लास का बालक था।

एक लड़की ने भी नाम कमाना चाहा तो सोचा कि क्यों न वह बहत्तर घंटे तक रोटी बनाती रहे! ज़िंदगी भर बनानी है तो अभी से अच्छा अभ्यास कर लिया जाए। उसने शुरू किया, कुछ घंटे रोटी सेंकने के बाद बेहोश हो गई, बीमार हो गई। माता-पिता उसके साथ पहले भी थे जब उसने रोटी बनाना चालू किया, उन्हें उम्मीद थी कि बिटिया रानी रिकॉर्ड तोड़ेगी और जब बीमार पड़ी तब भी उनके चेहरों पर चिंता की कोई रेखा नहीं थी कि उन्होंने बच्ची को बेक़ार में परेशान होने दिया। उन्हें गर्व था कि उनके बच्चे ने इतना तो किया।

शहर दर शहर लोअर मिडिल क्लास में इन दिनों बड़ी आपाधापी है। आईआईटी में जा नहीं सकते। आईआईएम में आए नहीं, मेडिकल

में भी नहीं आए, इंजीनियर बन नहीं सकते, टफ़ कंपटीशन और रिज़र्वेशन के दो पाटों में पिसकर लोअर मीडिल क्लास की इच्छाएं ऐंड़ी-बैंड़ी हो जाती है। आगे बढ़ने की इच्छाएं मचलती हैं तो शॉट सर्किट से अचानक रातोरात नाम कमाने की हठ योगी मुद्राएं अपना ली जाती हैं। माता-पिता कॉम्पलेक्सों में रहते हैं वे कुछ न कर सके तो उनके बच्चे करेंगे। बच्चे जान की बाज़ी लगाकर माता-पिता की इच्छा पूरी करने लगते हैं। केजुअल्टीज़ होने लगती है। टॉप करने के चक्कर में बच्चे आत्महत्या करने लगते हैं या फिर रिकॉर्ड बनाने के लिए कुछ भी करने लगते हैं। नाम कमाने की ऐसी ललक जगी है कि क़स्बे-क़स्बे आदमी नाम कमाने के चक्कर में लग गया है। जब वह नाम कमाने योग्य नहीं होता तो अपने बच्चों को आगे कर देता है। इसके लिए माता-पिता सब कुछ करते हैं। वे पैसा ख़र्च करते हैं। वे मीडिया को, टी.वी. वालों को ख़बर देते हैं और बच्चे अपनी जान की बाज़ी लगाते हैं, सिर्फ़ नाम कमाने के लिए।

टीवी ने कमज़ोर दिमाग़ लोगों की आदत ख़राब कर दी है। वह जो दिखाता है उसे लोग सच मान लेते हैं और सोचते हैं कि वे सब भी वही वही हो सकते हैं जो कि टीवी पर हीरो-हीरोइन करते हैं। बच्चे और युवा 'बूगी-बूगी' से लेकर 'झलक दिखला जा' तक में दम लगाकर नाचते रहते हैं और अब तो बूढ़े भी नाचते हैं। नाम कमाने के लिए सिर्फ़ एक सीन देने के लिए! शिल्पा शेट्टी को एक गाली के बदले साढ़े तीन करोड़ मिले। इस देश का आदमी पांच रुपए के लिए गाली खाने को तैयार हो जाता है।

टीवी को देखते-देखते आम आदमी को लगता है कि वह भी नाम और नाम कमा सकता है। बस एक बार टीवी पर दिख जाए, उसका नाम हो जाएगा। इसके लिए वह कुछ भी करने को तैयार हो जाता है। निर्भय गूज़र तक को टीवी से प्रेम था वह अपनी रखैल

के साथ जंगल में बैठकर मूंछों में तेल लगवाता और टीवी चैनल को इंटरव्यू देता। वीरप्पनं को भी ये शौक़ लगा और कहते हैं कि दोनों इसलिए पकड़ में आए कि टीवी के सामने रहे।

पुराने लोग मेहनत करके धीरज से काम करके नाम कमाया करते थे। नाम कमाने पर उनका ज़ोर नहीं रहता था, नाम अपने आप मिल जाया करता था, लेकिन अब नाम पहले कमाया जाता है काम भले कुछ न किया जाए।

टीवी किसी को अमर नहीं करता। वह क्षणभंगुर माध्यम है और पंद्रह सैकंड से ज़्यादा किसी को अमर नहीं रहने देता। बताइए पिछले महीने की पांच तारीख़ को जो गाने आपने सुनें वे आपको याद हैं? या जो फ़िल्म देखी वह याद है? या ख़बर की हेडलाइनें याद हैं? नहीं न! टीवी अपने दुर्निवार प्रसारण से कुछ भी टिकने नहीं देता तो भी भोले लोग समझते हैं कि उसमें आ जाने से अमर हो जाएंगे।

ज़िंदगी में कोई भी सफलता का शॉर्टकट कभी नहीं रहा। टीवी के लिए एक सीन बन जाना एक भ्रम है। एक क्षणिक बाल सुलभ आनंद उसके बाद आपको फिर ज़िंदगी में जुतना होता है और अपने नरक में लौट आना होता है।

टीवी को एक संचार माध्यम से ज़्यादा नहीं समझना चाहिए। उसमें अगर कोई जन ज़्यादा देर टिकते हैं तो वे बड़े ब्रांड हैं, बड़े लोग हैं। आप कोई चमत्कारी घटना करके कुछ धुप्पल बनाकर उसमें आना चाहेंगे तो वह एक हद के बाद आपको लिफ़्ट नहीं देता। वह ख़ुद एक छलिया माध्यम है उसके छल में समझदारों को नहीं आना चाहिए।